Proyecto de la OCDE y del G-20 sobre la Erosión de la Base Imponible y el Traslado de Beneficios

Diseñar normas de transparencia fiscal internacional eficaces, Acción 3 - Informe final 2015

Tanto este documento como cualquier mapa que se incluya en él no conllevan perjuicio alguno respecto al estatus o la soberanía de cualquier territorio, a la delimitación de fronteras y límites internacionales, ni al nombre de cualquier territorio, ciudad o área.

Por favor, cite esta publicación de la siguiente manera:
OCDE (2016), *Diseñar normas de transparencia fiscal internacional eficaces, Acción 3 - Informe final 2015*, Proyecto de la OCDE y del G-20 sobre la Erosión de la Base Imponible y el Traslado de Beneficios, Éditions OCDE, Paris.
http://dx.doi.org/10.1787/9789264267091-es

ISBN 978-92-64-26707-7 (impresa)
ISBN 978-92-64-26709-1 (PDF)

Serie: Proyecto de la OCDE y del G-20 sobre la Erosión de la Base Imponible y el Traslado de Beneficios
ISSN 2415-6094 (impresa)
ISSN 2415-6108 (en línea)

Fotografías: Portada © ninog - Fotolia.com

Las erratas de las publicaciones de la OCDE se encuentran en línea en: *www.oecd.org/about/publishing/corrigenda.htm*.

Prefacio

Los problemas de fiscalidad internacional nunca habían ocupado un lugar tan prioritario en las agendas políticas como hoy en día. La integración de las economías y los mercados nacionales se ha intensificado de manera sustancial en los últimos años colocando, así, contra las cuerdas al sistema fiscal internacional, diseñado hace más de un siglo. Las normas actuales han dejado al descubierto una serie de puntos débiles que generan oportunidades para la erosión de las bases imponibles y el traslado de beneficios (BEPS, por sus siglas en inglés), lo que exige decisiones drásticas y determinación por parte de los responsables políticos con miras a restablecer la confianza en el sistema tributario internacional y asegurarse de que los beneficios tributen allí donde se desarrollen efectivamente las actividades económicas y se genere valor.

En septiembre de 2013, a raíz de la publicación del informe titulado *Lucha contra la erosión de la base imponible y el traslado de beneficios* en febrero de 2013, los países de la OCDE y del G-20 avalaron y adoptaron un Plan de Acción conformado por 15 líneas de actuación o «acciones» para dar respuesta a los problemas BEPS. Dicho Plan de acción y las 15 medidas que lo conforman giran en torno a tres *pilares* fundamentales: dotar de coherencia a las normas de Derecho interno que afectan a las actividades transfronterizas; reforzar el *criterio de actividad sustancial* contemplado por las normas internacionales en vigor y, por último, mejorar la transparencia y la seguridad jurídica.

Desde entonces, todos los países de la OCDE y del G-20 han trabajado de manera conjunta y en condiciones de igualdad, habiendo igualmente manifestado su postura y aportado sus puntos de vista la Comisión Europea a lo largo de todo el proceso atinente al Proyecto BEPS. Los países en desarrollo han participado extensa y activamente a través de diversos y diferentes mecanismos, incluida la participación directa en el Comité de Asuntos Fiscales (CAF). Adicionalmente, organismos fiscales regionales como el Foro Africano de Administración Tributaria (ATAF, por sus siglas en inglés), el Centro de Encuentros y Estudios de Dirigentes de Administraciones Fiscales (CREDAF, por sus siglas en francés) y el Centro Interamericano de Administraciones Tributarias (CIAT) se unieron a organizaciones internacionales tales como el Fondo Monetario Internacional (FMI), el Banco Mundial o Naciones Unidas (ONU) para contribuir a la labor desarrollada. Fruto de la consulta minuciosa a las partes interesadas, el Proyecto BEPS recibió en total más de 1 400 páginas de comentarios procedentes de organizaciones sectoriales y asociaciones empresariales, asesores, organizaciones no gubernamentales (ONG), docentes y otros representantes del sector académico, al igual que también se celebraron 14 consultas públicas retransmitidas en directo a través de la web, junto con la difusión de sesiones en forma de *webcasts,* a través de las cuales la Secretaría de la OCDE informaba periódicamente a los seguidores y respondía a preguntas.

La compleción de los informes correspondientes a las 15 medidas del *Plan de acción BEPS* ha requerido dos años de trabajo. Todos los resultados plasmados en los distintos informes, incluidos los apuntados en los informes provisionales presentados en 2014, han adquirido carácter definitivo y se han unificado dando lugar a un paquete de medidas integral. El Paquete de medidas BEPS representa la primera renovación sustancial de las normas y estándares fiscales internacionales en casi un siglo. Una vez las nuevas medidas comiencen a aplicarse, se espera conseguir que los beneficios se declaren allí donde se desarrollen las actividades económicas que los generan y se crea valor. Todas aquellas estrategias de planificación fiscal con fines claramente elusivos cimentadas sobre normas obsoletas o sustentadas por medidas internas mal coordinadas quedarán sin efecto.

En consecuencia, la implementación resulta clave en esta fase. El paquete de medidas BEPS se diseñó precisamente para ser implementado mediante cambios en la legislación y prácticas nacionales y en aplicación de las disposiciones contempladas en los convenios fiscales, existiendo negociaciones actualmente en curso para desarrollar un instrumento multilateral que se prevé concluyan en 2016. Asimismo, los países de la OCDE y del G-20 han acordado seguir trabajando conjuntamente a fin de garantizar la implementación sistemática y coordinada de las recomendaciones en materia de BEPS. La globalización exige soluciones comunes, así como también es preciso entablar un diálogo a escala mundial que trascienda los países de la OCDE y del G-20. A tal fin, los países de la OCDE y del G-20 diseñarán y propondrán en 2016 un marco inclusivo de seguimiento, contando para ello con la participación de todos los países interesados en condiciones de igualdad.

A priori, una mejor comprensión acerca de la aplicación práctica de las recomendaciones en materia de BEPS podría disipar equívocos y dirimir controversias entre los distintos gobiernos, por lo que un mayor énfasis en temas como la implementación y administración tributaria debería resultar mutuamente beneficioso para administraciones públicas y empresas. Por último, las mejoras propuestas en materia de recopilación y análisis de datos permitirán llevar a cabo una evaluación permanente del impacto en términos cuantitativos no sólo del fenómeno BEPS, sino también de las medidas antielusivas desarrolladas en el marco del Proyecto BEPS.

Índice

Cuadros

Siglas y abreviaturas

BEPS	Erosión de la base imponible y traslado de beneficios
EEE	Espacio Económico Europeo
EMN	Empresa multinacional
EP	Establecimiento permanente
I+D	Investigación y desarrollo
NIIF	Normas Internacionales de Información Financiera
OCDE	Organización para la Cooperación y el Desarrollo Económicos
PI	Propiedad intelectual
SEC	Sociedad(es) extranjera(s) controlada(s)
SGI	Société de Gestion Industrielle
SMN	Sociedad multinacional
TFI	Transparencia fiscal internacional
TJUE	Tribunal de Justicia de la Unión Europea

Resumen ejecutivo

Las normas de transparencia fiscal internacional (TFI), también conocidas como normas sobre sociedades extranjeras controladas, responden al riesgo de que los contribuyentes que ostentan una participación de control en una filial extranjera erosionen la base imponible de su país de residencia, y en algunos casos también de otros países, mediante el traslado de beneficios a la sociedad extranjera controlada (SEC). En ausencia de tales normas, las SEC posibilitan el traslado de beneficios y el diferimiento de impuestos a largo plazo.

Tras la entrada en vigor de las primeras normas de TFI en 1962, un número creciente de jurisdicciones ha introducido este tipo de normas en su ordenamiento. A día de hoy 30 de los países que participan en el Proyecto OCDE/G20 de Erosión de la Base Imponible y Traslado de Beneficios (BEPS) cuentan con normas de TFI, y muchos otros han manifestado su interés en adoptarlas. No obstante, algunas normas de TFI hoy vigentes no han sabido adaptarse a los nuevos modelos empresariales internacionales, y muchas de ellas son incapaces de hacer frente a BEPS de manera efectiva.

En respuesta a los desafíos que plantean las normas de TFI, el *Plan de Acción contra la erosión de la base imponible y el traslado de beneficios* (Plan de Acción BEPS, OCDE, 2013) pidió la elaboración de una serie de recomendaciones para el diseño de normas de TFI. En el pasado la OCDE no ha prestado una atención especial a esta materia, y este informe reconoce que la colaboración entre los países contribuirá a hacer frente a los problemas relativos a la competitividad y a instaurar unas condiciones equitativas para todos.

Este informe presenta tales recomendaciones en forma de "pilares fundamentales". Estas recomendaciones no constituyen estándares mínimos, sino que se concibieron para garantizar que aquellas jurisdicciones que decidan adoptarlas sean capaces de impedir eficazmente que los contribuyentes trasladen beneficios a filiales extranjeras. Éstos son los seis pilares a tener en cuenta a la hora de diseñar unas normas de TFI efectivas:

- **Definición de una SEC** – Las normas de TFI se aplican por lo general a sociedades extranjeras controladas por accionistas residentes en la jurisdicción de la matriz. Este informe propone recomendaciones sobre el modo de establecer en qué casos los accionistas tienen un nivel suficiente de influencia sobre la sociedad extranjera para poder tratarla como una SEC. Asimismo, proporciona recomendaciones sobre cómo las normas de TFI deberían cubrir las rentas de entidades que no están constituidas como sociedades.
- **Umbrales mínimos y exenciones** –Las normas de TFI actuales suelen condicionar su aplicación al cumplimiento de ciertos requisitos, por ejemplo exenciones por tipo de gravamen, requisitos anti-abuso y umbrales *de minimis*. El informe recomienda que las normas de TFI sólo sean aplicables a las SEC que estén sujetas a tipos de gravamen efectivos significativamente inferiores a aquellos aplicables en la jurisdicción de la matriz.

- **Definición de renta** – A pesar de que algunas normas de TFI hoy vigentes tratan toda la renta obtenida por una SEC como "renta sujeta al régimen de TFI" y por ende atribuible a los accionistas de la jurisdicción de la matriz, algunas otras se aplican únicamente a ciertos tipos de renta. Este informe recomienda que las normas de TFI integren una definición de renta sujeta, proponiendo una lista no exhaustiva de posibles métodos o combinaciones de métodos que las normas de TFI pueden utilizar a los efectos de definir dicha renta.
- **Cálculo de la renta** – El informe recomienda que las normas de TFI se sirvan de las normas de la jurisdicción de la matriz a la hora de calcular la renta atribuible a los accionistas. Igualmente aconseja que las pérdidas de la SEC sólo puedan utilizarse para compensar los beneficios de dicha sociedad o de otras SEC residentes en su misma jurisdicción.
- **Atribución de la renta** – El informe indica que, en la medida de lo posible, el umbral de atribución debería estar vinculado al umbral de control, y que el importe de renta atribuible debería calcularse en función de la proporción de participación o influencia.
- **Prevención y eliminación de doble imposición**. Uno de los problemas fundamentales de política fiscal que han de tenerse en cuenta a la hora de diseñar unas normas de TFI efectivas es cómo garantizar que la aplicación de estas normas no genere doble imposición. Así pues, este informe subraya la importancia tanto de prevenir como de eliminar la doble imposición, recomendando por ejemplo que las jurisdicciones que cuenten con normas de TFI concedan créditos por los impuestos extranjeros efectivamente pagados, incluyendo aquellos impuestos resultantes de normas de TFI en sociedades matrices intermedias. El informe también aconseja que los países valoren la posibilidad de corregir la doble imposición respecto de los dividendos derivados de las acciones de la SEC y las ganancias de capital derivadas de la enajenación de tales acciones en los casos en que la renta de la SEC ya haya estado sujeta a imposición previamente conforme a un régimen de TFI.

Puesto que cada país prioriza sus objetivos de política fiscal de diferente manera, estas recomendaciones proporcionan flexibilidad a la hora de adoptar unas normas de TFI que sean capaces de combatir BEPS y que a la vez sean coherentes con los objetivos generales de política fiscal del sistema fiscal del país en cuestión y con sus compromisos internacionales adquiridos. En particular, este informe reconoce que las recomendaciones deben adaptarse adecuadamente a las obligaciones impuestas por el Derecho de la UE, ofreciendo recomendaciones alternativas para los Estados miembros de la UE. Una vez adoptadas las recomendaciones, éstas garantizarán que las normas de TFI combaten eficazmente los riesgos BEPS.

Introducción

1. La Acción 3 del *Plan de Acción contra la erosión de la base imponible y el traslado de beneficios* (Plan de Acción BEPS, OCDE, 2013) admite que los grupos empresariales pueden constituir filiales no residentes con el objetivo de trasladarles renta, y que la constitución de éstas puede responder, en todo o en parte, a motivos fiscales y no a motivos empresariales distintos de los fiscales[1]. Al igual que otras normas anti-elusión, las normas de transparencia fiscal internacional (TFI), también conocidas como normas sobre sociedades extranjeras controladas (SEC), combaten estas situaciones permitiendo a las jurisdicciones gravar las rentas obtenidas por filiales no residentes cuando se cumplan ciertas condiciones. No obstante, algunos países carecen de normas de TFI en la actualidad, y otros, aún teniéndolas, son incapaces de hacer frente a situaciones BEPS de manera integral. La Acción 3 hace un llamamiento para el desarrollo de "recomendaciones relativas al diseño de normas de TFI". El objetivo era la elaboración de una serie de directrices que permitieran a las normas de TFI combatir de manera efectiva al fenómeno de la erosión de bases imponibles y el traslado de beneficios.

2. Las normas de TFI han existido en el contexto de la fiscalidad internacional durante cinco décadas y docenas de países las han introducido en su ordenamiento. Este informe valora todos los elementos constitutivos de las normas de TFI, señalando una serie de "pilares fundamentales" considerados imprescindibles para unas normas de TFI efectivas. Estos pilares permitirían que los países sin normas de TFI puedan adoptar las normas recomendadas de manera directa, y que los países con normas de TFI ya vigentes puedan modificar las suyas para alinearlas con las recomendaciones aquí expuestas. Dichos pilares incluyen:

1. Normas para definir a una SEC (incluyendo la definición de control)
2. Umbrales mínimos y exenciones
3. Definición de renta sujeta al régimen de TFI
4. Normas para calcular la renta
5. Normas para atribuir la renta
6. Normas para prevenir o eliminar la doble imposición

3. Antes de pasar a analizar estos seis pilares fundamentales, este informe tratará en primer lugar las consideraciones de política fiscal que deben tenerse en cuenta en el contexto de la Acción 3, incluyendo aquellas compartidas por todas las jurisdicciones a la hora de diseñar sus normas de TFI y aquellas otras vinculadas a los concretos objetivos perseguidos por los sistemas tributarios de cada jurisdicción. Algunas de las consideraciones generales compartidas por todas las jurisdicciones son: la función de las normas de TFI como medidas disuasorias; su interacción con las normas de precios de transferencia y la necesidad de alcanzar un equilibrio entre su efectividad y, por un lado, los costes administrativos y de cumplimiento y, por otro lado, la prevención y eliminación

de la doble imposición. A la hora de dar respuesta a estas cuestiones, cada jurisdicción pondera sus respectivos objetivos de política fiscal de manera diferente, en función de si cuenta con un sistema tributario territorial o de renta mundial[2], o de si es miembro de la Unión Europea. El capítulo 1 aborda brevemente todas estas cuestiones de política fiscal. Por su parte, los siguientes capítulos presentan los seis pilares fundamentales arriba referidos. Las recomendaciones recogidas en este informe están concebidas para combatir la erosión de la base imponible y el traslado de beneficios. Se reconoce que algunos países están particularmente preocupados por el diferimiento de impuestos a largo plazo y que las recomendaciones deben ser suficientemente flexibles para así permitir que las normas de TFI sean capaces de combatir BEPS sin dejar de ser coherentes con los concretos objetivos de política fiscal de los sistemas tributarios de cada país y con los compromisos internacionales adquiridos por estos.

4. El trabajo sobre las normas de TFI está coordinado con los trabajos en otras acciones, incluyendo las acciones 1 (abordar los retos de la economía digital para la imposición), 2 (desajustes por mecanismos híbridos), 4 (deducibilidad de intereses), 5 (combatir las prácticas tributarias perniciosas) y 8 a 10 (precios de transferencia).

Notas

1. Los motivos empresariales distintos de los fiscales pueden incluir, por ejemplo, un entorno jurídico favorable o la disponibilidad de empleados o de mayores recursos. Por definición, las normas de TFI no están restringidas a los casos en que las sociedades extranjeras estén controladas por sociedades, por lo que las jurisdicciones pueden diseñar normas de TFI que apliquen a sociedades extranjeras controladas por personas físicas.

2. Con carácter general no se puede decir que el sistema tributario de un país es exclusivamente territorial o de renta mundial, pues por lo general se encuentra a medio camino entre ambas categorías.

Bibliografía

OECD (2014), *Plan de Acción contra la erosión de la base imponible y el traslado de beneficios,* OECD Publishing, Paris, http://dx.doi.org/10.1787/9789264207813-es.

Capítulo 1

Consideraciones de política fiscal y objetivos

5. Este capítulo establece un marco político general para las normas de TFI. Puesto que las normas de TFI se integran en el ordenamiento tributario de una jurisdicción, su diseño y objetivos pueden variar de una jurisdicción a otra, al reflejar opciones políticas distintas. Este capítulo se ocupa de presentar primero las consideraciones de política fiscal comunes en todas las normas de TFI, y en segundo lugar enumera una serie de objetivos de política fiscal que cada jurisdicción podrá ponderar de la manera que desee.

1.1. Consideraciones de política fiscal comunes

6. En función de cómo estén diseñadas, las normas de TFI hacen tributar a las sociedades matrices por toda o parte de la renta de todas o algunas de sus filiales no residentes. La mayoría de los países están acostumbrados a prevenir el traslado de beneficios, ya sea desde la jurisdicción de la matriz o desde ésta y otras jurisdicciones. No obstante, los países también pueden mostrar preocupación por el diferimiento de impuestos a largo plazo. Existe una serie de consideraciones de política fiscal que son comunes a todas las normas de TFI, que son: (i) su función como medida disuasoria; (ii) su interacción con las normas de precios de transferencia; (iii) el necesario equilibrio entre su efectividad y la carga administrativa y los costes de cumplimiento; y (iv) el necesario equilibrio entre su efectividad y la prevención o eliminación de la doble imposición.

1.1.1. Efecto disuasorio

7. Las normas de TFI están generalmente concebidas como medidas disuasorias. En otras palabras, su objetivo primordial no es recaudar impuestos sobre la renta de la SEC. Por el contrario, buscan disuadir a los contribuyentes de trasladar rentas a sus SEC, protegiendo de este modo la recaudación al garantizar que estos beneficios permanezcan en la base imponible de la matriz o de otras sociedades del grupo (en el caso de aquellos regímenes de TFI que también protegen las bases imponibles de terceros países –"*foreign-to-foreign stripping*"-). Al gravar las rentas de la SEC, las normas de TFI provocarán sin duda un incremento en la recaudación. Pero es probable que, una vez adoptadas, contribuyan a reducir el nivel de rentas trasladadas a las SEC. Al igual que otras normas que pretenden cambiar el comportamiento del contribuyente, las normas de TFI pueden desplegar más efectos que los originariamente pretendidos. Por ejemplo, el diseño las normas de TFI parece suponer el reconocimiento de potestades tributarias secundarias en favor de la jurisdicción de residencia. Sin embargo, si las normas de TFI gravan los beneficios a un tipo de gravamen suficientemente alto, también podrían incrementar la tributación en las jurisdicciones de fuente, al reducir o eliminar los incentivos de las empresas multinacionales (EMN) a trasladar renta a filiales situadas en jurisdicciones de baja tributación.

1.1.2. Interacción con las normas de precios de transferencia

8. La finalidad de las normas de precios de transferencia es ajustar los beneficios sujetos a gravamen de las empresas asociadas para eliminar las distorsiones que se producen cuando los precios u otras condiciones de las operaciones entre aquéllas difieren de las que hubieran concertado partes independientes. Puesto que las normas de TFI, por definición, se aplican a partes asociadas (ya que las entidades afectadas por estas normas están sometidas al control de otra), las jurisdicciones utilizan a menudo estas normas para combatir la manipulación de los precios de las operaciones entre éstas. En otras palabras, las normas de TFI son vistas por la jurisdicción de la matriz como un modo de capturar las rentas obtenidas por una filial extranjera, rentas que la filial no habría podido obtener de haberse fijado un precio correcto al activo generador de dichas rentas. Así pues, las normas de TFI son a menudo consideradas como normas de soporte *–backstops* – de las normas de precios de transferencia[1]. Sin embargo, esta terminología puede inducir a error, ya que las normas de TFI no siempre sirven de complemento a las normas de precios de transferencia. Puede ocurrir que las normas de TFI y las normas de precios de transferencia, en algunos casos, se dirijan a la misma renta, pero en la práctica es poco probable que la existencia de unas u otras elimine la necesidad de que existan las otras. Por el contrario, aunque las normas de TFI puedan capturar algunas de las rentas no capturadas por las normas de precios de transferencia (y viceversa), ninguno de estos conjuntos de normas cubre la totalidad de las rentas que la otra pretende cubrir.

9. Las normas de precios de transferencia, que generalmente se basan en un análisis de hechos y circunstancias y se centran fundamentalmente en pagos entre partes asociadas, no hacen innecesaria la existencia de normas de TFI. Las normas de TFI son generalmente normas de aplicación más mecánica y selectiva que las normas de precios de transferencia, al capturar automáticamente aquellas categorías de renta que tienen más probabilidades de ser móviles desde un punto de vista geográfico y que, por ende, son más susceptibles de ser trasladadas a jurisdicciones extranjeras de baja tributación, independientemente del hecho de que la renta proceda o no de una parte asociada. Por todas estas razones, las normas de TFI cumplen una función muy particular en el contexto del sistema fiscal internacional. Por su parte, las normas de precios de transferencia deberían aplicarse antes de las normas de TFI, aunque seguirá habiendo situaciones, incluso tras finalizar los trabajos sobre precios de transferencia del Plan de Acción BEPS, en las que la renta atribuida a una SEC podría quedar sujeta al régimen de TFI. Por ejemplo, el resultado de estos trabajos sobre precios de transferencia permitiría atribuir un rendimiento por aportación de fondos a una sociedad sobrecapitalizada *–cash box–* con escasas funciones que se hubiera limitado a proporcionar la financiación[2]. Si esa sociedad sobrecapitalizada *–cash box–* fuera una filial residente en una jurisdicción de baja tributación y un país sometiera dicha renta a su régimen de TFI, tal resultado sería coherente con el Plan de Acción BEPS. Además, tiene sentido utilizar las normas de TFI con posterioridad a las normas de precios de transferencia precisamente para hacer frente a aquellas situaciones en las que la aplicación de éstas últimas conducen a un resultado que no es congruente con los objetivos del *Plan de Acción contra la erosión de la base imponible y el traslado de beneficios* (Plan de Acción BEPS, OCDE, 2013)[3].

1.1.3. Impedir eficazmente la elusión fiscal sin generar una carga administrativa y de cumplimiento indebida

10. Una tercera consideración de política fiscal es cómo lograr unas normas efectivas sin desencadenar un incremento indebido de la carga administrativa y los costes de cumplimiento. Aunque una de las ventajas de las normas de TFI es su aplicación relativamente mecánica,

unas normas de TFI que sean puramente mecánicas pueden no ser tan efectivas como otras que admitan un mayor grado de flexibilidad[4]. Sin embargo, la flexibilidad también puede generar incertidumbre, que a su vez puede tener un impacto en los costes de aplicación y cumplimiento de las normas de TFI. Así pues, las normas de TFI deben alcanzar un equilibrio entre la mayor simplicidad propia de las normas de aplicación mecánica y la efectividad propia de las normas más subjetivas. Esta consideración de política fiscal se refleja de forma más evidente en las normas encargadas de definir la renta sujeta al régimen de TFI. En este sentido, unas normas que definan la renta sujeta de acuerdo con una clasificación formal reducirían la carga administrativa y de cumplimiento pero serían menos eficaces. Por este motivo, los países que cuentan actualmente con normas de TFI han optado generalmente por combinar este método con un análisis de sustancia menos mecánico para así garantizar que la renta que quede sujeta al régimen de TFI sea aquella que verdaderamente surge de la erosión de la base imponible y el traslado de beneficios. Es posible minimizar los problemas de carga administrativa derivados de las normas basadas en la sustancia si se incluyen exenciones debidamente orientadas, por ejemplo una exención para las sociedades que no están sujetas a un tipo de gravamen más bajo.

1.1.4. Evitar la doble imposición

11. Una cuestión adicional a tratar es cómo evitar la doble imposición. Como las normas de TFI someten a gravamen las rentas de las filiales extranjeras en la jurisdicción de la matriz, pueden dar lugar a doble imposición en la medida en que la filial controlada también esté sometida a imposición en su jurisdicción de residencia. Es posible reducir los riesgos de doble imposición si se incorporan exenciones por tipo de gravamen en las normas de TFI (que se tratarán en el siguiente apartado). Las normas de TFI hoy vigentes también tratan de corregir la doble imposición a través de disposiciones que establecen la concesión de créditos por impuestos pagados en el extranjero. El capítulo 7, que cubre el sexto de los pilares de las normas de TFI, analiza este tipo de disposiciones.

1.2. Objetivos específicos de política fiscal

12. Las consideraciones políticas arriba expuestas son comunes para la mayoría de las jurisdicciones con normas de TFI, sin embargo cada jurisdicción puede diseñar sus normas de TFI atendiendo a otro tipo de objetivos de política fiscal. Esto resulta inevitable, pues las normas de TFI forman parte del sistema tributario interno de cada jurisdicción, y este sistema es diferente en cada una de ellas. Como consecuencia de esto, las normas de TFI difieren considerablemente en función de cómo las jurisdicciones prioricen sus objetivos de política fiscal. Existen dos circunstancias fundamentales que marcan el diseño de las normas de TFI y son (i) si la jurisdicción tiene un sistema tributario territorial o de renta mundial y (ii) si la jurisdicción es miembro de la Unión Europea.

1.2.1. Sistemas tributarios territoriales o de renta mundial

13. Si una jurisdicción tiene un sistema tributario de renta mundial, sus normas de TFI podrían cubrir, de manera generalizada, cualquier renta que no estuviera sujeta a imposición en ese momento en la jurisdicción de la matriz, y ello sería perfectamente coherente con el sistema tributario de dicha jurisdicción. Si, por el contrario, una jurisdicción tiene un sistema tributario territorial, lo más coherente sería que sus normas de TFI tuvieran un alcance limitado y sólo cubrieran aquella renta que debería haber quedado sujeta a gravamen en la jurisdicción de la matriz. En la práctica, los sistemas

tributarios nunca son puramente territoriales o de renta mundial sino que se encuentran a medio camino entre ambas categorías. Esta circunstancia puede influir en la decisión de la jurisdicción sobre cómo abordar la competitividad internacional o qué bases imponibles proteger.

1.2.1.1. Alcanzar un equilibrio entre el gravamen de rentas extranjeras y el mantenimiento de la competitividad

14. A la hora de diseñar normas de TFI, debe lograrse un equilibrio entre el gravamen de rentas extranjeras y los problemas de competitividad inherentes a toda norma que permita gravar la renta de filiales extranjeras. Las normas de TFI plantean principalmente dos tipos de cuestiones en materia de competitividad. En primer lugar, las jurisdicciones con normas de TFI de amplio alcance pueden hallarse en una situación de desventaja competitiva respecto a las jurisdicciones sin normas de TFI (o con normas de TFI de ámbito más reducido), ya que las filiales extranjeras controladas por entidades residentes estarán sometidas a mayor gravamen que aquellas otras controladas localmente en la propia jurisdicción extranjera. Esta desventaja competitiva puede provocar distorsiones. Por ejemplo, puede condicionar la decisión de los grupos societarios de incrementar o no el riesgo de sus inversiones o la elección del lugar donde situar su sede central; además, también puede influir en las estructuras accionariales o de capital allá donde los grupos traten de evitar el impacto de las normas de TFI[5]. Como consecuencia de todo esto, las normas de TFI corren el riesgo de restringir o distorsionar la actividad económica real. En segundo lugar, las empresas multinacionales residentes en países con fuertes normas de TFI se encuentran en una situación de desventaja competitiva respecto a aquellas otras que residan en países sin normas de TFI (o que las tengan pero se apliquen con tipos más bajos o sobre una base más reducida). El problema de competitividad surgiría en la medida en que las filiales extranjeras de las primeras estarían sometidas a tipos impositivos más elevados que las filiales de las segundas como consecuencia de la aplicación de las normas de TFI, incluso cuando todas ellas operen en el mismo país.

15. Para hacer frente a estos problemas, las jurisdicciones con sistemas tributarios territoriales tienden a gravar únicamente las rentas claramente desviadas de la jurisdicción de la matriz, priorizando así la competitividad. Por el contrario, las jurisdicciones con sistemas tributarios de renta mundial tienden a captar más renta a través de sus normas de TFI, dando prevalencia al gravamen de la renta extranjera. Puesto que los sistemas tributarios casi nunca son puramente territoriales o de renta mundial, con carácter general las normas de TFI dejan exenta la denominada "renta activa", renta que está (o al menos debería estarlo con mayor probabilidad) vinculada a una actividad económica real de la filial extranjera. Este planteamiento puede no ser del todo efectivo en la lucha contra la erosión de la base y el traslado de beneficios pero, en todo caso, es importante tener en mente el equilibrio entre el gravamen de las rentas extranjeras y mantenimiento de la competitividad a la hora de diseñar las normas de TFI.

16. Otra forma de preservar la competitividad sería que los países adoptasen normas de TFI similares. Así pues, el trabajo coordinado entre los países y la adopción de normas semejantes podrían minorar los problemas de competitividad a los que se enfrentan los países a la hora de valorar la introducción de normas de TFI en sus ordenamientos.

1.2.1.2. Proteger la erosión de la base imponible

17. Las normas de TFI pretenden evitar que los grupos societarios trasladen beneficios a sus SEC, lo cual no significa necesariamente que las normas de TFI sólo protejan la base imponible de la jurisdicción de la matriz. Las normas de TFI pueden proteger exclusivamente la base imponible de la jurisdicción de la matriz o bien pueden proteger también las bases imponibles de terceros países – *foreign-to-foreign stripping*–. Las normas que se centran únicamente en la erosión de la base imponible de la jurisdicción de la matriz incluyen dentro de la renta sujeta al régimen de TFI sólo aquella renta que ha sido trasladada o desviada desde la jurisdicción de la matriz, mientras que las normas que optan por proteger también las bases imponibles de terceros países *–foreign-to-foreign stripping–* incluyen dentro de la renta sujeta toda aquella que podría haberse obtenido en cualquier jurisdicción distinta de la jurisdicción donde reside la SEC. El primer tipo de normas de TFI no cubriría la renta de la SEC derivada de actividades que tuvieron lugar en un tercer país. En cambio, el segundo tipo de normas de TFI sí cubriría dicha renta[6].

18. Las normas de TFI que sólo protegen la base imponible de la jurisdicción de la matriz pueden no ser tan efectivas a la hora de hacer frente a BEPS por dos razones. Primero, porque tal vez no sea posible determinar cuál es el país cuya base se ha visto erosionada (por ejemplo en el caso de las rentas sin Estado *–stateless income–*). Y segundo, aunque fuera posible determinar el país cuya base ha resultado perjudicada, el Plan de Acción BEPS buscar evitar la erosión de todas las bases imponibles, incluyendo las de terceros países. Esta cuestión puede ser de particular relevancia para los países en desarrollo, ya que, a falta de unas normas de TFI que protejan las bases imponibles de terceros países *–foreign-to-foreign stripping–* los contribuyentes tendrán más motivos para utilizar jurisdicciones de baja tributación en sus esquemas de planificación fiscal[7].

1.2.2. Las normas de TFI en el ámbito de la Unión Europea

19. La competitividad puede suscitar una especial inquietud en el contexto de la Unión Europea. Desde 2006[8] la jurisprudencia del Tribunal de Justicia de la UE (TJUE) comenzó a imponer limitaciones a las normas de TFI aplicables en el ámbito de la UE. Por lo tanto, aunque las recomendaciones desarrolladas bajo esta Acción tienen que ser lo suficientemente amplias para ser efectivas en la lucha contra BEPS, también deben ser suficientemente flexibles para permitir que los Estados miembros de la UE cumplan con el Derecho de la UE. Esta cuestión afecta a todas las jurisdicciones, incluyendo aquellas que no pertenecen a la UE, ya que los Estados miembros de la UE no podrían adoptar ninguna recomendación contraria al Derecho de la UE en el ámbito de la Unión Europea. Ello implicaría a su vez que los grupos multinacionales que tengan su base en Estados no miembros de la UE podrían encontrarse en desventaja competitiva respecto a aquellos otros que tengan su base en Estados miembros, ya que estos últimos no estarían sometidos a un régimen de TFI tan fuerte.

20. Tanto en *Cadbury Schweppes*[9] como en pronunciamientos posteriores, el TJUE ha dejado claro que las normas de TFI, al igual que otras normas tributarias que se aplican a situaciones transfronterizas y que se justifican por la prevención de la elusión fiscal, deben "referirse específicamente a montajes puramente artificiales, carentes de realidad económica, cuyo único objetivo es obtener una ventaja fiscal"[10]. La jurisprudencia del TJUE resulta aplicable a todos los Estados miembros de la UE y del Espacio Económico Europeo (EEE)[11], en la medida en que tanto la jurisdicción de la matriz como la jurisdicción de la SEC se encuentren dentro del EEE.

21. La finalidad de este informe es proponer recomendaciones para poner en marcha normas de TFI efectivas que puedan ser adoptadas en todas las jurisdicciones. Cuando se formulen dichas recomendaciones, éstas serán iguales para los Estados miembros y no miembros de la UE. No obstante, cuando se presenten diversas alternativas, los Estados miembros de la UE deberán cerciorarse de que su elección es compatible con el Derecho de la UE[12].

22. Aunque la forma de cumplir con las libertades del Tratado de la UE es una decisión individual de cada Estado miembro de la UE, éstos podrían tener en cuenta las siguientes observaciones con el objeto de adoptar unas normas de TFI flexibles y duraderas:

- Incluir un análisis de sustancia conforme al cual los contribuyentes sólo quedarían sujetos a las normas de TFI en los casos en que sus SEC no desarrollen auténticas actividades económicas. Algunos Estados miembros ya han modificado sus normas de TFI para evitar su aplicación sobre actividades económicas auténticas, siendo por ello coherentes con la limitación establecida por el TJUE sobre los "montajes puramente artificiales".

- Aplicar las normas de TFI de igual modo sobre filiales residentes y no residentes. Un régimen de TFI sólo sería contrario a la libertad de establecimiento si por sí mismo discriminara a los no residentes. Ello quedó patente en *Cadbury Schweppes*, donde el TJUE se centró en el trato diferenciado que las normas de TFI del Reino Unido conferían a las sociedades controladas residentes en Reino Unido y a las sociedades controladas no residentes. El TJUE explicó su postura así:

  > Esta diferencia de trato crea una desventaja fiscal para la sociedad residente a la que es aplicable la legislación sobre las SEC. En efecto, aun teniendo en cuenta [...] la eventual circunstancia, mencionada por el órgano jurisdiccional remitente, de que dicha sociedad residente no pague, por los beneficios obtenidos por una SEC comprendida dentro del ámbito de aplicación de la mencionada legislación, un impuesto superior al que hubiera gravado esos beneficios si hubieran sido obtenidos por una filial establecida en el Reino Unido, no es menos cierto que, con arreglo a tal legislación, dicha sociedad residente tributa por beneficios obtenidos por otra persona jurídica. Ahora bien, no sucede así con una sociedad residente que tenga una filial que tribute en el Reino Unido o cuya filial establecida fuera de dicho Estado miembro no esté sujeta a un nivel de tributación inferior[13].

  Así pues, cuando un régimen de TFI trate igual a las filiales residentes y a las no residentes, no debería ser considerada discriminatoria atendiendo a la jurisprudencia del TJUE, no siendo necesaria justificación alguna. De acuerdo con este planteamiento, se atribuiría la renta de cualquier sociedad controlada, ya sea residente o no residente, a los accionistas residentes[14].

- Aplicar las normas de TFI a operaciones que sean "en parte puramente artificiosas". Aunque se entienda que una norma de imposición directa de un Estado miembro afecta a la libertad de establecimiento y resulta discriminatoria, ésta debería mantenerse si está justificada y resulta proporcionada. Aunque en casos previos se entendía que las normas de TFI de los Estados miembros sólo podrían considerarse justificadas y proporcionadas si se limitaban a montajes puramente artificiales, dos líneas de jurisprudencia recientes del TJUE sugieren que las normas de TFI que resultan de aplicación más allá de los montajes puramente artificiales también podrían considerarse justificadas y proporcionadas. La primera novedad es que algunas resoluciones han señalado que las normas podrían estar justificadas por la necesidad de prevenir la elusión fiscal, aunque se refieran a montajes que no son puramente artificiales. Por ejemplo, en *Thin Cap Group Litigation*, el TJUE declaró que, para poder dilucidar si una norma de subcapitalización estaba justificada por la necesidad de prevenir prácticas abusivas, el Tribunal debía determinar "si la transacción de que se trata constituye, *total o parcialmente*, un montaje puramente artificial cuyo objetivo esencial es eludir la aplicación de la legislación tributaria de dicho Estado miembro"[15]. Estas palabras sugieren que el régimen de TFI de un Estado miembro que captura renta obtenida por una SEC que no es en sí misma "puramente artificial" podría estar justificado siempre y cuando la transacción que originó tal renta fuera, al menos, parcialmente artificiosa.

- Diseñar normas de TFI que garanticen de forma explícita un reparto equilibrado de la potestad tributaria. El TJUE ha sugerido que las normas tributarias de los Estados miembros podrían no limitarse a los montajes puramente artificiales en la medida en que estén justificadas por una razón distinta de la prevención de la elusión fiscal. Por ejemplo, tanto en *SGI*[16] como en *Oy AA*[17], el TJUE señalaba que las normas en cuestión, aunque no limitadas a los montajes puramente artificiales, podrían estar justificadas por la necesidad de mantener un reparto equilibrado de las potestades tributarias. En *SGI*, el TJUE aclaró que "tal justificación puede admitirse, en particular, cuando el sistema en cuestión estuviera diseñado para prevenir conductas capaces de poner en peligro el derecho de un Estado miembro a ejercitar su potestad tributaria sobre actividades desarrolladas en su territorio"[18]. Aunque el TJUE todavía no se ha pronunciado sobre la posibilidad de que las normas de TFI puedan estar justificadas por la necesidad de mantener un reparto equilibrado de las potestades tributarias, estos casos sugieren que las normas de TFI deberían poder aplicarse de forma más amplia si pudieran justificarse por la necesidad de un Estado miembro de gravar los beneficios resultantes de actividades desarrolladas en su territorio.

Notas

1. Véase, por ejemplo: Fleming, J. Clifton Jr., Peroni, Robert J. y Shay, Stephen E., Worse than Exemption, 59 Emory L.J. 79 (2009).
2. Véase el informe de 2015 sobre las Acciones 8-10: "Alineación de los resultados de los precios de transferencia con la creación de valor" (*Aligning Transfer Pricing Outcomes With Value Creation,* OCDE, 2015) que atribuye un rendimiento financiero exento de riesgo a una entidad sin capacidad de controlar los riesgos.
3. Las normas de TFI también interactúan con otras normas distintas de las normas de precios de transferencia. Por ejemplo, la recomendación 5 del informe de 2014 "Neutralizar los efectos de los mecanismos híbridos" (*Neutralising the Effects of Hybrid Mismatch Arrangements,* OCDE, 2014) reconoce la importancia de las normas de TFI, promoviendo que las jurisdicciones mejoren sus normas de TFI para impedir la deducción/no inclusión de los resultados derivados de pagos a una entidad híbrida inversa.
4. Además, unas normas de TFI puramente mecánicas podrían no ser compatibles con el Derecho de la UE por las razones que se expondrán más adelante en este capítulo.

5. Existe la percepción de que unas normas de TFI fuertes podrían originar distorsiones, esto es, que los grupos cambiarían el país de residencia de la sociedad matriz para eludir el efecto de las normas de TFI. Sin embargo, si bien es probable que las normas de TFI incrementen el riesgo de distorsiones, no serán el único factor, ya que existes otros, como el tipo impositivo o el tipo de sistema tributario (por ejemplo si es territorial o de renta mundial), que influirían igualmente. Por esta razón, el presente borrador no trata ni las distorsiones ni las normas adoptadas por algunos países para combatirlas, aunque es posible que los países quieran tener en cuenta estas cuestiones de manera separada.

6. Las normas que permiten a las sociedades elegir si sus filiales son tratadas como sociedades de personas –*partnerships*– o como sociedades también limitan el alcance de las normas de TFI pues les imposibilitarían impedir la erosión de las bases imponibles de terceros países –*foreign-to-foreign stripping*–. No obstante, la norma anti-híbridos modificada que se analiza en el Capítulo 2 está concebida para eliminar el efecto de dicha elección en el contexto de las normas de TFI y por lo tanto puede reducir la disponibilidad de esta opción.

7. Para mayor información sobre el efecto de la Acción 3 y otras Acciones en los países en desarrollo véanse el informe *Lucha contra la erosión de la base imponible y el traslado de beneficios* y el *Plan de Acción contra la erosión de la base imponible y el traslado de beneficios,* pues ambos se refieren a la repercusión de las normas de TFI en los países de fuente.

8. En 2006, el TJUE hizo pública su opinión al respecto en Cadbury Schweppes plc. y Cadbury Schweppes Overseas Ltd v. Commissioners of Inland Revenue, C-194/04. Este caso evaluó la compatibilidad de las normas de TFI de los Estados Miembros con las libertades del Tratado de la UE.

9. Cadbury Schweppes plc y Cadbury Schweppes Overseas Ltd v. Commissioners of Inland Revenue, C-196/04. Casos más recientes se han hecho eco de lo establecido en *Cadbury Schweppes*. En Itelcar – Automóveis de Aluguer Lda. v. Fazenda Pública, Caso C-282/12 (3 de octubre de 2013), el TJUE dejó claro que una medida nacional que restrinja las libertades fundamentales de la UE podría estar justificada cuando esté específicamente dirigida a montajes puramente artificiales carentes de realidad económica y que tienen como único propósito eludir el impuesto que normalmente correspondería sobre los beneficios generados por actividades llevadas a cabo en el territorio nacional. En *Itelcar* el TJUE sigue defendiendo que de la jurisprudencia del Tribunal se deduce que, en los casos en los que las normas partan de una valoración de elementos objetivos y verificables para determinar si una operación representa un montaje puramente artificial establecido únicamente por fines fiscales, se considerará que estas normas no van más allá de lo necesario para prevenir la elusión y la evasión fiscal siempre que, en los casos en que no se descarte la existencia de tal montaje, se conceda al contribuyente la posibilidad, sin trabas administrativas indebidas, de proporcionar pruebas de cualquier otra justificación económica que hubiera podido tener la operación.

10. Haribo Lakritzen Hans Riegel BetriebsgmbH y Österreichische Salinen AG v. Finanzamt Linz, casos C-436/08 y C-437/08, párrafo 165.

11. La jurisprudencia del Tribunal resulta de aplicación a países que no son Estados miembros de la Unión en la medida en que interprete las libertades fundamentales recogidas en el Acuerdo sobre el Espacio Económico Europeo (EEE).

12. Los países que no sean Estados miembros de la Unión Europea también podrán adoptar los cambios de los Estados miembros de la UE.

13. Cadbury Schweppes, párrafo 45.

14. Existe al menos una jurisdicción que sigue este planteamiento. La legislación de Dinamarca confiere un tratamiento homogéneo, independientemente de que la matriz controle una filial residente en Dinamarca, una filial extranjera residente en la UE o en el EEE, o una filial extranjera residente fuera de la UE o del EEE.

15. Test Claimants en Thin Cap Group Litigation v. Commissioners of Inland Revenue, C-524/04, párrafo 81 (énfasis añadido).

16. Société de Gestion Industrielle (SGI) v. Belgian State, C-311/08 (21 de enero de 2010) (declarando que la libertad de establecimiento *no* impide que los Estados miembros practiquen ajustes en los beneficios en el caso de transacciones efectuadas entre partes no residentes que sigan condiciones distintas de las que se habrían acordado en circunstancias de plena competencia).

17. Oy AA, C-231/05 (18 de julio de 2007) (declarando que la libertad de establecimiento *no* impide que los Estados miembros puedan limitar las deducciones de intereses en transferencias intragrupo a los pagos efectuados a entidades residentes).

18. SGI, párrafo 60.

Bibliografía

Fleming, C., Peroni, R., and Shay, S. (2009), *Worse than Exemption*, 59 Emory L.J. 79 (2009).

OECD (2015), *Aligning Transfer Pricing Outcomes With Value Creation*, OECD Publishing, Paris, http://dx.doi.org/10.1787/9789264241244-en.

OECD (2014), *Neutralising the Effects of Hybrid Mismatch Arrangements*, OECD Publishing, Paris, http://dx.doi.org/10.1787/9789264218819-en.

Capítulo 2

Normas para definir a una SEC

23. A la hora de determinar si las normas de TFI resultan aplicables, toda jurisdicción debe tener en cuenta dos cuestiones: (i) si nos encontramos ante un tipo de entidad que pudiera llegar a tener la consideración de SEC y (ii) si la sociedad matriz tiene un grado suficiente de influencia o control sobre la entidad no residente para que ésta pueda constituir una SEC.

2.1. Recomendaciones

24. A los efectos de determinar el tipo de entidades que podrían constituir una SEC, se recomienda definir de manera amplia el tipo de entidades cubiertas, de forma tal que las normas de TFI puedan ser aplicables no sólo a sociedades sino también a ciertas entidades transparentes y establecimientos permanentes (EPs) en la medida en que tales entidades obtengan rentas que susciten riesgos BEPS y tales riesgos no sean abordados de otra forma. Se recomienda igualmente incluir una norma anti-híbridos con el fin de evitar que las entidades eludan las normas de TFI por el hecho de recibir un tratamiento fiscal dispar por parte de las diferentes jurisdicciones.

25. A los efectos de definir el grado de control requerido, se recomienda que las normas de TFI contengan un test de control jurídico y otro de control económico, de manera que la satisfacción de cualquiera de ellos lleve a concluir que existe control. Los países también pueden incorporar un test de control de facto para impedir la elusión de los otros dos. La entidad extranjera debería considerarse controlada cuando esté participada por residentes (incluyendo sociedades, personas físicas u otros) al menos en un 50%, aunque aquellos países que persigan otros fines y deseen evitar la elusión de las normas de TFI pueden optar por fijar un umbral de control más bajo. Este nivel de control puede calcularse sumando las participaciones de partes residentes vinculadas o no vinculadas, o sumando las participaciones de todos los contribuyentes residentes que se entienda que actúan de manera concertada. Además, las normas de TFI deberían ser de aplicación independientemente de que el control sea directo o indirecto.

2.2. Explicación

2.2.1. Cuestiones relativas a la entidad

26. Aunque por su nombre pudiera parecer que las normas de TFI (o sobre SEC) se aplican únicamente sobre sociedades, muchos países las aplican también a fideicomisos –*trusts*–, sociedades de personas –*partnerships*– y EPs en determinadas circunstancias con el fin de evitar que las sociedades matrices puedan eludir la aplicación de las normas de TFI por el simple hecho de cambiar la forma jurídica de sus filiales.

27. Las entidades transparentes, como las sociedades de personas –*partnerships*–, no deberían ser tratadas como SEC en la medida en que sus rentas ya estén sujetas a gravamen regularmente en la jurisdicción de la matriz. Sin embargo, si una entidad transparente obtiene renta que suscita riesgos BEPS y que además no está gravada en la jurisdicción de la matriz, las normas de TFI podrían ser de aplicación de dos maneras distintas. En primer lugar, las normas de TFI podrían tratar a la entidad transparente como SEC para garantizar que dicha renta no escape del gravamen previsto en dichas normas como consecuencia de un tratamiento fiscal dispar en la jurisdicción donde ésta reside. Podría darse esta situación si, por ejemplo, una entidad que fuera gravable en virtud de la legislación de la jurisdicción de la matriz fuera tratada como una sociedad de personas –*partnership*– por parte de la legislación de la jurisdicción donde ésta reside. En segundo lugar, las normas de TFI podrían gravar la renta de una entidad transparente que sea propiedad de una SEC como si fuera renta de la propia SEC para así impedir que la SEC traslade renta a una entidad transparente para eludir las normas de TFI.

28. Los EPs deberían quedar cubiertos por las normas de TFI en dos escenarios. En primer lugar, las normas de TFI deberían ser suficientemente amplias como para poder aplicarse en aquellas situaciones en las que una entidad no residente tenga un EP en otro país. En segundo lugar, cuando la jurisdicción de la matriz deja exenta de tributación la renta de un EP[1], la renta de dicho EP podría, potencialmente, suscitar los mismos problemas que la renta de una filial no residente. Cuando éste sea el caso, la jurisdicción de la matriz podría, o bien denegar la exención o bien aplicar sus normas de TFI al EP.

29. Otra cuestión que surge a la hora de determinar qué tipo de entidades podrían ser consideradas SEC es el tratamiento que deben recibir los híbridos cuando las normas de calificación de instrumentos y entidades de la jurisdicción de la matriz provocan que los pagos, que de otra manera quedarían sujetos a las normas de TFI, sean ignorados o queden fuera del alcance de las normas de TFI. Por ejemplo, las normas de calificación de entidades de la jurisdicción de la matriz pueden provocar que el pagador y el perceptor de un pago dentro un grupo multinacional sean tratados como una única entidad a los efectos de las normas de TFI, de manera que un pago intragrupo deducible entre estas entidades no sería tenido en cuenta a la hora de aplicar las normas de TFI de la jurisdicción de la matriz. Este tipo de normas, como consecuencia de no reconocer determinadas entidades, lleva a excluir rentas que de otro modo estarían sujetas al régimen de TFI y serían atribuibles. En la medida en que el pago sea deducible en la jurisdicción del pagador esto provocaría la erosión de bases imponibles de terceros países.

30. Es recomendable que los países aborden este problema. Una forma de hacerlo sería introduciendo una norma anti-híbridos modificada que requiera que los pagos intragrupo realizados a una SEC sean tenidos en cuenta a la hora de calcular la renta sujeta al régimen de TFI[2]. Otra forma de hacerlo sería tener en cuenta un pago intragrupo siempre y cuando:

- El pago no esté incluido dentro de la renta sujeta al régimen de TFI.
- El pago hubiera quedado sujeto al régimen de TFI si la jurisdicción de la matriz hubiera calificado las entidades y las transacciones de la misma forma que la jurisdicción del pagador o perceptor.

31. El siguiente ejemplo explica el funcionamiento de esta norma. En la estructura que se ilustra a continuación, la sociedad A, residente en el País A, es titular de todas las acciones de la sociedad B, residente en el País B. La sociedad B, a su vez, es titular de todas las acciones de la sociedad C, residente en el País C. Tanto el País A como el C son jurisdicciones de alta tributación, mientras que el País B es una jurisdicción con bajo nivel de tributación. El País A trata a la sociedad C como una entidad transparente a

efectos fiscales. La sociedad C pide un préstamo a la sociedad B y, como C es transparente conforme a la legislación de A, el pago de intereses de la sociedad C a la sociedad B no es tenido en cuenta por la legislación de A y, por ende, queda excluido del cálculo de la renta sujeta al régimen de TFI en el País A. Nótese que este supuesto no quedaría cubierto hoy en día por las normas recomendadas por la Acción 2, dado que el pago de intereses no provoca un desajuste por mecanismos híbridos según las normas de los países B o C, que son las jurisdicciones de residencia de las partes involucradas en la transacción. En su lugar, sólo origina dicho desajuste en el País A, el País que trata a la sociedad C como transparente.

Cuadro 2.1. **Norma modificada anti-híbridos**

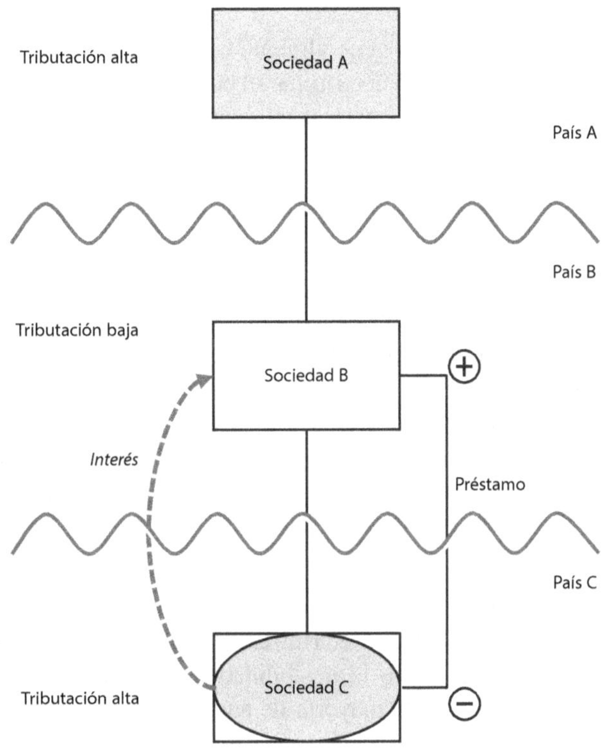

32. El pago de intereses es un pago intragrupo deducible. La única razón por la que queda excluido del cálculo de la renta sujeta al régimen de TFI es el tratamiento fiscal que la legislación de la jurisdicción de la matriz confiere a su pagador. Conforme a la norma arriba descrita, a la hora de calcular la renta sujeta al régimen de TFI de la sociedad A, dicho pago quedaría incluido dentro de la renta sujeta como interés pagado por otra SEC.

33. Aunque el ejemplo arriba ilustrado refleja un conflicto de calificación de una entidad, el resultado sería similar si se utilizara un préstamo que fuera tratado por el País A como una contribución de capital (de forma que el interés recibiría la calificación de dividendo exento con arreglo a las normas de TFI del País A). También puede lograrse este mismo resultado aprovechando las diferencias normativas en materia de residencia fiscal. Por ejemplo, el País A, aplicando sus propias normas de residencia fiscal, podría tratar a la sociedad B como residente fiscal del País C, de forma que ignoraría el pago de intereses de acuerdo con la excepción del mismo país[3], una excepción conforme a la cual las normas de TFI de A excluirían de la renta

sujeta toda aquella que proceda de contribuyentes residentes de la jurisdicción de la SEC. Como todas estas operaciones surgen a partir de conflictos de calificación de entidades o instrumentos, todas ellas quedarían cubiertas por la norma arriba descrita.

2.2.2. Control

34. La definición de control exige abordar dos cuestiones: (i) el tipo de control que se requiere y (ii) el nivel de dicho control.

2.2.2.1. Tipo de control

35. El control puede establecerse de diversas maneras, descritas a continuación.

- ***El control jurídico*** contempla generalmente la participación que tiene el residente en el capital social de la filial para determinar el porcentaje de participación o de derechos de voto. El control jurídico es un test relativamente mecánico y sencillo de aplicar tanto para las Administraciones tributarias como para los contribuyentes, siendo capaz de reflejar si existe un porcentaje suficiente de participación o de derechos de voto que permita al residente elegir al consejo de administración u órgano equivalente responsable de los asuntos de la entidad no residente, garantizando por tanto que la SEC actúa conforme a sus directrices. No obstante, la legislación mercantil ofrece en ocasiones un alto grado de flexibilidad a la hora de diseñar la estructura accionarial de una sociedad, permitiendo la utilización de modalidades y estructuras artificiales de participación accionarial para eludir el requisito de control. Depender únicamente de un test de control jurídico puede ser insuficiente, y es por ello que la mayoría de los países recurren también el concepto de control económico. En cualquier caso, los test que toman en consideración los derechos de adquisición de acciones (y por tanto de derechos de voto), como las opciones sobre acciones, pueden ayudar a mitigar algunas de las debilidades propias del control jurídico.
- ***El control económico*** se centra en los derechos sobre los beneficios, el capital y los activos de una sociedad en determinadas circunstancias como su disolución o liquidación. Este test reconoce la posibilidad de que un residente pueda controlar una entidad, aun sin poseer la mayoría de sus acciones, si ostenta derechos sobre el valor subyacente de dicha entidad. Estos derechos pueden incluir: derechos sobre las ganancias en caso de venta de acciones, derechos sobre los activos de la entidad en caso de liquidación, o derechos a la distribución de beneficios en casos distintos de ventas o liquidaciones. El control económico también es un test relativamente mecánico que se refiere a hechos que pueden ser valorados de manera objetiva. Es cierto que añade algo de complejidad, pero en la práctica parece probable que aquellos que ostenten una participación mayoritaria en una sociedad sean conscientes de este hecho y estén sujetos a otras obligaciones formales y de información en relación con esa participación. No obstante, es posible eludir las normas de control económico, de manera más evidente a través de una reorganización del grupo donde se inserte una nueva sociedad tenedora de valores *–holding–* para el grupo. En dichos casos, el control jurídico y económico puede alterarse, a pesar de que haya pocos o ningún cambio en el negocio, en el nivel de toma de decisiones o en el control del negocio ejercido por la matriz previa.
- ***El control de facto*** observa factores similares a aquellos contemplados por muchos países a la hora de determinar la residencia fiscal de sus sociedades. Por ejemplo, los países pueden fijarse en quién toma las decisiones de alto nivel sobre los asuntos de una sociedad no residente, o quién tiene la capacidad de influir en

las actividades del día a día. Otra manera de hacerlo sería centrarse en aquellos vínculos contractuales entre el contribuyente y la SEC que permitan al primero desplegar una influencia relevante sobre la segunda. No obstante, el test de control de facto funciona a menudo como una norma anti-elusión para impedir la elusión de los otros test de control. Por ello, dicho test exige hacer un análisis significativo de los hechos y circunstancias, así como una evaluación subjetiva de los mismos. Si fuera de aplicación en todos los casos, generaría costes añadidos, complejidad e inseguridad jurídica para los contribuyentes. Además, viendo la experiencia de los países en la aplicación de las normas de residencia, los criterios arriba descritos resultan fácilmente eludibles, lo que redunda en mayores dificultades de prueba para la Administración tributaria.

- ***El control basado en la consolidación*** puede fijarse en el hecho de si una sociedad no residente es objeto de consolidación en la contabilidad de una sociedad residente de acuerdo con los principios contables (por ejemplo las Normas Internacionales de Información Financiera, o NIIF). Este método no dista mucho de los mencionados previamente. De hecho, al igual que los test de control jurídico y de facto, los principios contables también se refieren a criterios como los derechos de voto u otros derechos conducentes a ejercer una influencia dominante sobre otra entidad, aunque emplean estos criterios a los solos efectos de establecer si una entidad debe o no ser consolidada. Por ejemplo, según la NIIF 10 un contribuyente debería consolidar una entidad si, por ejemplo, posee derechos que le otorgan el poder de dirigir las actividades que afectan de manera más significativa a los ingresos de la filial. Este poder puede basarse en derechos de voto en aquellas áreas más relevantes para la actividad de negocio de la filial o bien puede basarse en una influencia controladora sobre la filial que prueba un control jurídico y de facto.

36. Los métodos arriba mencionados suelen combinarse para prevenir su elusión y garantizar su eficacia. De acuerdo con el análisis previo, el test de control debería combinar, al menos, el control jurídico y el control económico. Ambos test son razonablemente mecánicos y deberían limitar las cargas administrativas y de cumplimiento. No obstante, los países pueden optar por complementar dichos test con un test de facto o con un test de consolidación contable. Ambos, particularmente un test de facto amplio, incrementarían la complejidad y los costes de cumplimiento. Por ello, aquellos países interesados en utilizar alguno de estos dos test con el objetivo de abordar problemas concretos (como los suscitados por las distorsiones) pueden optar por disposiciones específicas que sean capaces de hacer frente a tales problemas de manera más efectiva que extendiendo el concepto de control en las normas de TFI.

2.2.2.2. Nivel de control

37. Una vez que las normas de TFI han establecido el tipo de control requerido, la siguiente cuestión es qué nivel de control será necesario para que dichas normas sean aplicables. Si el objetivo es capturar todas aquellas situaciones donde la parte controladora tiene la posibilidad de trasladar beneficios a una entidad no residente, entonces las normas de TFI tendrían que cubrir, como mínimo, los casos en los que los contribuyentes residentes tengan un interés legal o económico en la entidad no residente superior al 50%. Algunas de las normas en vigor consideran que existe control cuando la matriz posee exactamente un 50%, aunque la mayoría exigen un control superior al 50%. Puesto que una participación del 50% o inferior seguiría permitiendo a la matriz ejercer influencia en determinadas situaciones, las jurisdicciones podrán optar por reducir el umbral de control por debajo del 50%[4].

38. Resulta fácil determinar la satisfacción del umbral del 50% cuando el control lo ejerce un único accionista. Sin embargo, los accionistas pueden desplegar su poder de influencia en otras situaciones, y los test de control de las normas de TFI en vigor generalmente buscan capturar tales situaciones. El principio general que subyace en todo test de control es que los accionistas minoritarios que actúen de manera concertada para ejercer influencia han de sumar sus participaciones a la hora de determinar si el test de control se ve o no superado. La determinación de si los accionistas minoritarios están actuando o no de manera concertada puede hacerse de tres formas distintas, resultando recomendable que las jurisdicciones adopten uno de estos métodos para garantizar que los accionistas minoritarios que ejercen influencia sean tenidos en cuenta a la hora de determinar si existe control.

39. El primer modo de establecer si los accionistas minoritarios están actuando de manera coordinada es aplicar un test de "actuación concertada" que analice los hechos para determinar si los accionistas están actuando de manera coordinada para influir en la SEC. De ser así, deberán sumarse sus participaciones para determinar si dicha SEC debe someterse al régimen de TFI. Este método no es muy común, ya que genera una carga administrativa y de cumplimiento considerable, pero una de sus ventajas es que es capaz de identificar de manera más precisa que un test mecánico los casos en los que los accionistas están actuando de manera concertada. El siguiente ejemplo ilustra el funcionamiento del test de "actuación concertada":

Cuadro 2.2. **Control ejercido por partes no vinculadas actuando de manera controlada**

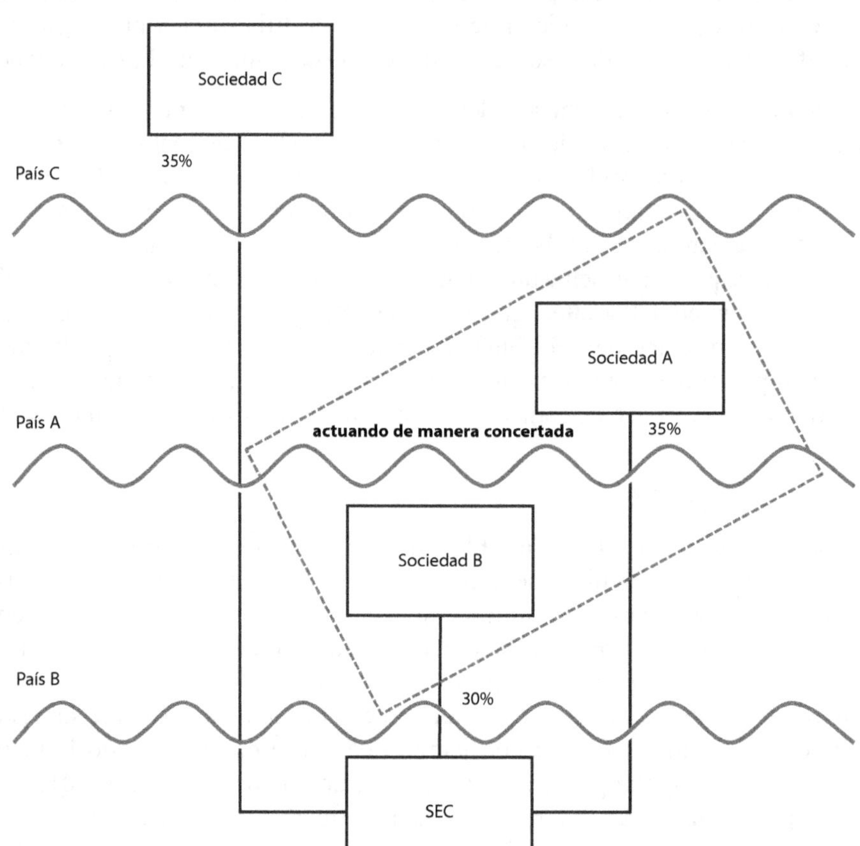

40. Las sociedades C, A y B son partes no vinculadas. Las normas de TFI del País A exigen una participación de control superior al 50% para poder ser aplicadas. No existe otro contribuyente residente en el País A por lo que, a menos que el País A tenga una norma de "actuación concertada" que sume las participaciones de residentes y no residentes, y dicha norma sea de aplicación, será imposible atribuir las rentas de la SEC a la sociedad A. Como se mencionaba arriba, una norma de actuación concertada incrementaría la complejidad y los costes de cumplimiento, especialmente cuando sea aplicable tanto a residentes como a no residentes. Sin embargo, también sirve para impedir la elusión de las normas de TFI[5].

41. La segunda manera de establecer si los accionistas minoritarios están actuando de manera concertada es fijarse en la relación entre dichos accionistas. Si las normas de TFI se limitan a sumar las participaciones de las partes *vinculadas* a la hora de determinar si se ha satisfecho el umbral del 50%, ello eliminaría la necesidad de recurrir al test de "actuación concertada". No obstante, su alcance sería más limitado, pues se circunscribirían a aquellas oportunidades de traslado de beneficios que involucran a partes vinculadas. En todo caso, como las estructuras BEPS generalmente involucran filiales 100% participadas o, al menos, filiales que son propiedad de partes vinculadas, centrarse en éstas permitiría cubrir la mayoría de las estructuras que plantean riesgos BEPS[6]. A continuación un ejemplo de cómo funcionaría el test de parte vinculada.

42. Las sociedades A1 y A2 son residentes en el País A y no están vinculadas entre sí. Para que puedan aplicarse las normas de TFI del País A, partes vinculadas o residentes que actúen de manera concertada deben acumular una participación en la SEC superior al 50%. La matriz divide su participación en la SEC entre A1 y B con el propósito de

Cuadro 2.3. **Participación de control por partes vinculadas**

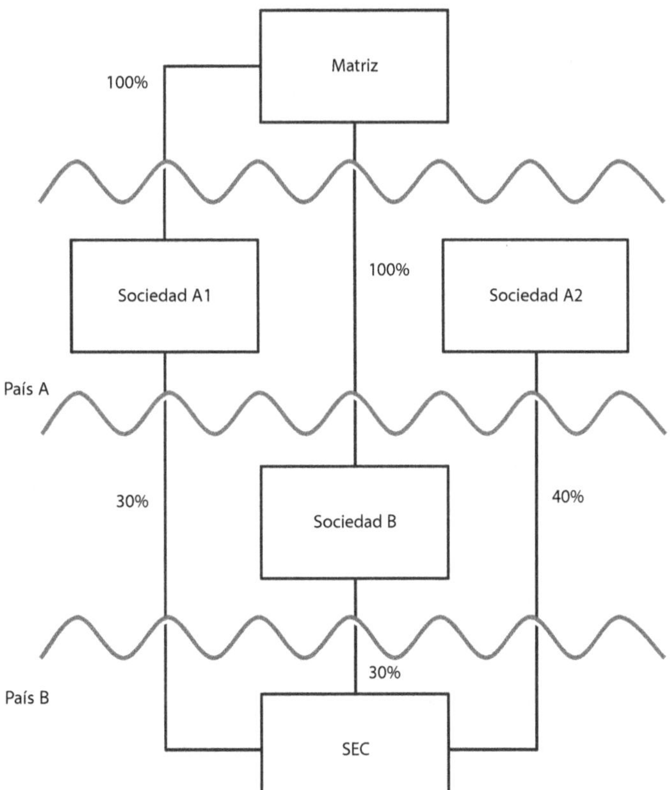

eludir el requisito de control en el País A. Si, por el contrario, el País A tuviera una norma sobre operaciones vinculadas que acumulara las participaciones de partes vinculadas para determinar si existe control, entonces se entendería que A1 sería un accionista con control dada la participación que acumulan A1 y B, ambas participadas por la matriz. Esto significaría que el 30% de la renta de la SEC sería atribuible a A1. Ninguna renta sería atribuible a A2. Se alcanzaría muy probablemente el mismo resultado de acuerdo con el test de "actuación concertada". El hecho de que se pueda atribuir o no renta a B dependería de la legislación en vigor en el País B, pero si contara con una norma sobre operaciones vinculadas, entonces el 30% de la renta de la SEC también sería atribuible a B.

43. La tercera forma en la que las normas de TFI pueden determinar si los accionistas minoritarios están ejerciendo influencia sobre la SEC es establecer un criterio de concentración de la propiedad. En Estados Unidos, por ejemplo, se acumulan las participaciones que tienen los residentes sobre la SEC si cada una de estas participaciones supera el 10%. Este método lleva a tener en cuenta las participaciones de un grupo concentrado de residentes, pero también elimina la necesidad de recurrir a otras normas a efectos de atribuir la renta, pues el umbral del 10% también puede utilizarse para establecer a qué residentes se les atribuirá ésta. Otra posibilidad sería que el criterio de concentración de la propiedad exigiera que la propiedad estuviera dividida entre un número pequeño de accionistas residentes (por ejemplo, 5 o menos), independientemente de sus porcentajes de participación, pero esto podría desencadenar problemas administrativos y de cumplimiento. Las normas de TFI que opten por acumular todas las participaciones que superen un umbral bajo (por ejemplo el 10%) o por fijarse únicamente en el número de accionistas pueden no identificar correctamente todos los casos en los que los contribuyentes están, en la práctica, actuando de manera concertada.

44. El funcionamiento del criterio de concentración de la propiedad puede ilustrarse en el caso expuesto en el Cuadro 2.3. Si el País A ampliara su requisito de control y aplicara sus normas de TFI cuando hubiera un grupo pequeño de accionistas residentes, en este caso las sociedades A1 y A2, dichas normas serían aplicables y podría atribuirse el 30% de la renta de la SEC a A1 y el 40% a A2. Esto serviría para prevenir la elusión de las normas de TFI pero llevaría a atribuir renta a A2. Dicha atribución no sería problemática en la medida en que la participación sea suficientemente alta (un 40% en este caso), pero un test que dependa únicamente de la existencia de un grupo pequeño de accionistas residentes llevaría a atribuir rentas a A2 incluso cuando ésta no estuviera actuando de manera concertada con A1 y por tanto no tuviera capacidad real para transferir rentas o beneficios a la SEC.

45. Tener en cuenta las participaciones de contribuyentes no residentes bajo cualquiera de estos tres métodos podría hacer más compleja la aplicación de los requisitos de control de las normas de TFI, pero aquellos países preocupados por la posible elusión de tales requisitos por partes vinculadas y no vinculadas actuando de manera concertada pueden optar por tenerlas en cuenta[7]. No obstante, con carácter general no se recomienda tomar en consideración las participaciones de no residentes a la hora de determinar el nivel del control. Pero esta recomendación, al igual que el resto de las recogidas en este informe, simplemente establece un mínimo, pudiendo las jurisdicciones que persigan objetivos diferentes tener en cuenta las participaciones de no residentes a la hora de establecer si se cumple o no el umbral del 50% (o inferior). Si las jurisdicciones optan por esta vía, limitar el gravamen de los contribuyentes residentes a su porcentaje de participación en la SEC (en lugar del porcentaje acumulado) debería eliminar el riesgo de doble imposición.

46. Independientemente de cuál de los tres métodos sea el elegido, la definición de control debería cubrir tanto el control directo como el indirecto, pues también surgen oportunidades para el traslado de beneficios en los casos en que la filial está participada

de manera indirecta a través de una sociedad tenedora de valores –*holding*– intermedia. Si las normas de TFI no fueran de aplicación en el caso de participaciones indirectas podrían ser fácilmente eludidas. El siguiente ejemplo muestra uno de los problemas que plantea el control indirecto, que es si cabría apreciar la existencia de control cuando el nivel de control indirecto se encuentra por debajo del umbral pero en cambio éste sí se cumple en cada uno de los niveles de la cadena de propiedad.

Cuadro 2.4. **Cálculo de la participación en casos de control indirecto**

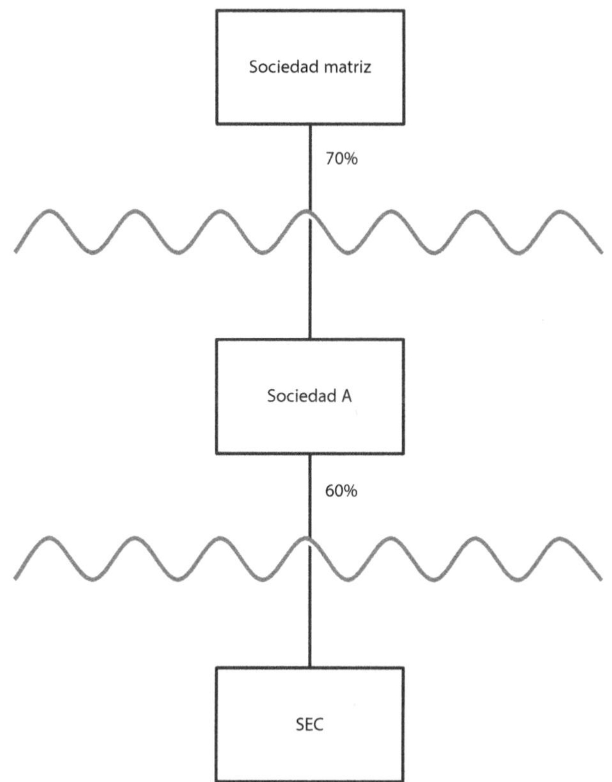

47. En este ejemplo, la matriz tiene una participación del 70% en la sociedad A, que a su vez posee una participación del 60% en la SEC. Existe por tanto un control superior al 50% en cada uno de los niveles, pero la matriz como tal sólo tiene una participación del 42% (70% x 60%) en la SEC. A pesar de tener un control jurídico limitado, la sociedad A ostenta un control económico suficiente como para ejercer influencia sobre la SEC, y la matriz, a su vez, tiene suficiente control económico para ejercer influencia sobre la sociedad A, por lo que se recomienda que las normas de TFI consideren que la matriz tiene suficiente influencia sobre la SEC cuando el umbral de control se satisfaga en cada uno de los niveles de la cadena de propiedad[8]. No obstante, la cuantía de renta atribuible a la matriz debería quedar limitada a su participación del 42%.

48. La inclusión del control directo e indirecto en el análisis de control podría incrementar el riesgo potencial de doble imposición si todos los países adoptaran normas de TFI, pero la introducción de normas para reducir o eliminar la doble imposición debería paliar este problema[9].

49. Para determinar si una sociedad residente en la jurisdicción de la matriz tiene el control es necesario que una norma estipule en qué momento ha de valorarse la existencia de dicho control, así como el tipo de entidades que pueden tenerlo. Sobre la primera cuestión, muchas normas determinan el control en función del nivel de control jurídico o económico a final de año, pero aquellas jurisdicciones preocupadas por la posible elusión de esta norma pueden introducir cláusulas anti-abuso o un test que compruebe si la matriz tenía el nivel de control requerido en cualquier momento del año. En cuanto a la segunda cuestión, para garantizar que las normas de TFI cubren todas aquellas situaciones en las que los accionistas residentes tienen la posibilidad de trasladar rentas a una filial extranjera, éstas deberían tener en cuenta las participaciones que poseen todos sus contribuyentes residentes, no limitándose únicamente a aquellos con forma societaria u otros grupos limitados.

Notas

1. Incluyendo las sucursales que, conforme a la legislación interna, sean asimilables a un EP.

2. Éste no es el único modo de abordar este problema. Por ejemplo, una jurisdicción que siga un método de beneficios excesivos similar al descrito en el Capítulo 4 podría no necesitar una norma adicional para hacer frente a este tipo de desajustes derivados de mecanismos híbridos en la medida en que dicho método no ignore la renta obtenida en situaciones como las ilustradas en el Cuadro 2.1.

3. Algunos países como Estados Unidos tienen excepciones en sus normas de TFI para pagos hechos entre entidades del mismo país.

4. Algunas normas de TFI reconocen que es posible ejercer control con una participación inferior al 50%. Por ejemplo, la normativa sobre TFI de Nueva Zelanda entiende que se cumple el umbral de control cuando una entidad residente en Nueva Zelanda es propietaria de, al menos, el 40% de una filial no residente. Conviene advertir que la inclusión de un umbral de control mucho más bajo en las normas de TFI de los Estados miembros de la UE podría plantear problemas desde la perspectiva del Derecho de la UE, incluso aunque no sean aplicables a SEC de otros Estados miembros. Esto es así porque, cuando se reduce el umbral de control, las normas de TFI pueden comprometer no sólo la libertad de establecimiento sino también la libre circulación de capitales, aplicable a las normas de los Estados miembros que discriminan frente a residentes de terceros países o de otros Estados de la Unión. No obstante, este problema sólo surgiría en el caso de que el umbral se reduzca por debajo del nivel de "influencia significativa".

5. Podría darse una situación similar a la de arriba en el caso de las uniones temporales de empresas *–joint ventures–*. Algunos países cuentan con normas específicas para tratar con ellas. Por ejemplo, de acuerdo con las normas de TFI de Reino Unido, se consideraría que un residente en Reino Unido socio al 40% de una *joint venture* tendría control si hubiera una entidad no residente en Reino Unido que ostentara entre un 40% y un 55% del interés legal y económico en la *joint venture*. Esta norma tiene un efecto similar a la norma de "actuación concertada".

6. No obstante, esta opción podría dejar fuera algunas de las estructuras que suscitan riesgos BEPS. Otras Acciones del Plan BEPS han reconocido que partes no vinculadas pueden actuar de manera coordinada para alcanzar un resultado determinado. El trabajo sobre los desajustes derivados de los mecanismos híbridos, por ejemplo, incluye estructuras que involucran partes no vinculadas.

7. Los contribuyentes no residentes cuyas participaciones pueden ser tenidas en cuenta podrían ser los familiares de los accionistas residentes o los miembros del consejo de administración de sociedades matrices residentes.

8. Por ejemplo, una vez se determina que existe control en un nivel, algunas normas de TFI consideran que el control a ese nivel es del 100% con el propósito de determinar el nivel de control indirecto en el siguiente nivel.

9. Véase el Capítulo 7.

Capítulo 3

Umbrales mínimos y exenciones aplicables a las SEC

50. Las exenciones y los umbrales mínimos permiten limitar el alcance de las normas de TFI, excluyendo aquellas entidades que apenas suscitan riesgos en materia de erosión de bases y traslado de beneficios, y centrándose en su lugar en aquellas otras que sí representan un riesgo elevado por presentar ciertas características o exhibir comportamientos indicativos de una mayor probabilidad de traslado de beneficios. Estas disposiciones contribuyen a que las normas de TFI puedan estar mejor orientadas y por ende ser más efectivas, reduciendo al mismo tiempo el nivel de carga administrativa al evitar que ciertas entidades se vean afectadas por las normas de TFI, aunque puedan verse sometidas a ciertas obligaciones formales precisamente para demostrar que cumplen los requisitos de estas disposiciones.

3.1. Recomendaciones

51. Se recomienda incluir una exención por tipo de gravamen que permita que las sociedades sujetas a un tipo de gravamen efectivo similar al tipo de gravamen aplicable en la jurisdicción de la matriz queden fuera del alcance de las normas de TFI. El efecto de dicha exención sería la aplicación de las normas de TFI a aquellas SEC sujetas a un tipo de gravamen efectivo significativamente inferior al tipo impositivo de la jurisdicción de la matriz. Esta exención podría combinarse con una lista, por ejemplo una lista blanca.

3.2. Explicación

52. Los países involucrados en este trabajo han valorado tres tipos diferentes de exenciones y umbrales mínimos aplicables a las SEC:

1. una cuantía mínima por debajo de la cual las normas de TFI no se aplicarían;
2. un requisito anti-abuso que dirigiría las normas de TFI hacia situaciones donde existe un propósito elusivo;
3. una exención por tipo de gravamen en virtud de la cual las normas de TFI sólo serían de aplicación sobre SEC residentes en países con un tipo de gravamen inferior al aplicable a la sociedad matriz.

3.2.1. Umbral de minimis

53. Un umbral de minimis podría reducir la carga administrativa y conseguir que las normas de TFI sean más selectivas y efectivas, garantizando que ciertas entidades no queden sujetas a éstas[1]. Las normas de TFI de muchos países ya incluyen un umbral de minimis conforme al cual una renta, que de otro modo quedaría sujeta al régimen de TFI, no se

incluiría en la base imponible de la sociedad matriz siempre y cuando se mantenga por debajo de cierto nivel. Con carácter general, los países cuentan con una exención dirigida a las entidades cuya renta atribuible es inferior a una cuantía fija o a un determinado porcentaje de la renta total de la SEC, o bien cuando las rentas gravables son inferiores a una determinada cuantía. Algunas normas también incluyen límites distintos para ciertos tipos de beneficios que presentan mayores riesgos de ser desviados. Por ejemplo, la normativa de Reino Unido emplea dos umbrales de minimis, uno de ellos bastante más elevado aplicable a aquellas SEC capaces de demostrar que obtienen escasas rentas susceptibles de ser muy móviles.

54. También resulta posible eludir los umbrales de minimis mediante una fragmentación, a través de la cual las sociedades reparten su renta entre múltiples filiales de manera tal que cada una de ellas quede por debajo del umbral. Las legislaciones actuales de los países incluyen cláusulas de salvaguarda para impedir la elusión del umbral. Aunque dichas cláusulas puedan incrementar la complejidad de las normas de TFI, la experiencia de los países en el uso de estas medidas ha demostrado que éstas no tienen por qué ser necesariamente incompatibles con el objetivo de los umbrales de reducir la carga administrativa y de cumplimiento. Por ejemplo, el test de minimis de Estados Unidos incluye una norma general anti-abuso que trata la renta de dos o más sociedades

Cuadro 3.1. **Test de minimis**

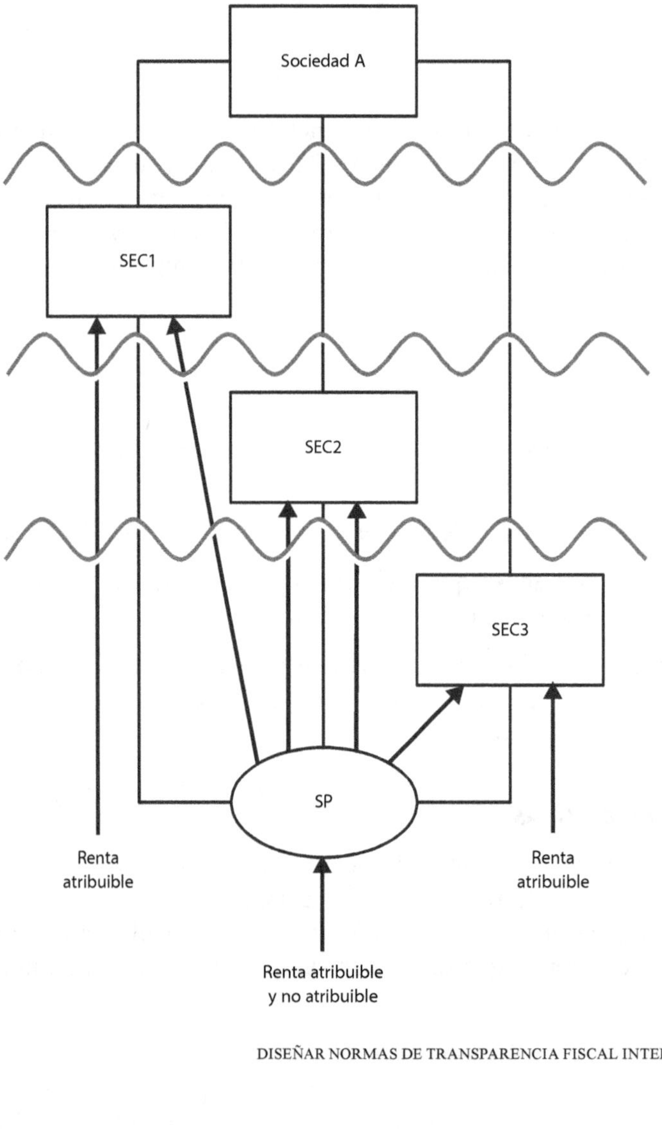

extranjeras controladas como si fuera renta de una única entidad cuando el propósito principal de organizar, adquirir o mantener dichas entidades de manera separada sea evitar que la renta quede sujeta a las normas de TFI en virtud del test de minimis. Aunque esta norma anti-abuso incrementa la carga administrativa potencial que lleva consigo el umbral de minimis, dicha carga se ve contrarrestada en el caso de la norma estadounidense con una presunción *iuris tantum* que trata automáticamente las rentas de múltiples SEC como si fueran rentas de una única entidad cuando éstas estén vinculadas y lleven a cabo un negocio previamente realizado por una única SEC o bien lleven a cabo un negocio como socios en una sociedad de personas *–partnership–* vinculada. Por su parte, el test general de minimis alemán establece la condición de que la renta atribuible de la SEC no sobrepase una misma cuantía al nivel de la SEC y al nivel del accionista. Esto significa que, aun en el caso de que la renta atribuible de una SEC no exceda este umbral, dicha SEC podría aun así quedar sujeta a las normas de TFI si dicho umbral se ve superado al sumar todas las participaciones del contribuyente en el capital de varias SEC. El Cuadro a continuación ilustra estos dos tipos de cláusulas anti-fragmentación

55. En el Cuadro 3.1 que se muestra a continuación, el Grupo A reestructura sus operaciones de forma tal que los beneficios que previamente obtenía a través de una única SEC ahora se reparten entre tres SEC situadas en distintos territorios. Después de la reestructuración, la sociedad A es la accionista única de las tres SEC. SEC 1, SEC 2 y SEC 3 tienen el mismo periodo impositivo y son socias de FP, una entidad residente en el País C que recibe la consideración de sociedad de personas *–partnership–*. Durante el periodo impositivo presente, cada una de las SEC obtiene una parte de sus rentas atribuibles a través de FP y otra parte derivada de otras actividades en las que participan de forma separada.

56. De acuerdo con el test de minimis del País A, no se tendrá en cuenta la renta atribuible de una SEC a los efectos de su tributación en residencia conforme a las normas de TFI en la medida en que la suma de la renta atribuible de la SEC se encuentre por debajo del menor de los siguientes umbrales: o bien un 5% de la renta total, o bien 1 000 000. Según las cifras de la tabla que se muestra a continuación, la renta atribuible de cada SEC en el periodo impositivo actual, incluyendo la renta obtenida a través FP, es inferior a 1 000 000 y al cinco por ciento de la renta bruta de cada SEC.

	SEC 1	SEC 2	SEC 3
Renta bruta	3 000 000	7 000 000	11 000 000
5% de la renta bruta	150 000	350 000	550 000
Renta atribuible	140 000	348 000	547 000

57. Por lo tanto, de no aplicarse ninguna norma anti-abuso, la renta de las SEC quedaría fuera del alcance de las normas de TFI como consecuencia de la aplicación del umbral de minimis.

58. Si, por el contrario, el país A tuviera, o bien una norma anti-abuso similar a la de Estados Unidos o bien una norma anti-fragmentación similar a la alemana, las filiales extranjeras de la Sociedad A sí quedarían sujetas a gravamen conforme a las normas de TFI. Si el país A tuviera una norma anti-abuso que tratara las rentas obtenidas por las tres SEC como si hubiesen sido obtenidas por una única SEC a los efectos de calcular el umbral de minimis cuando dichas filiales sean partes vinculadas (o cuando el propósito principal de organizar, adquirir o mantener tales entidades de manera separada sea eludir el umbral de minimis), debería acumularse la renta atribuible de cada una de las SEC. La suma de la renta atribuible de las tres SEC asciende a 1 035 000 por lo que sobrepasaría el umbral de 1 000 000 y por tanto sería tenida en cuenta a los efectos de las normas de TFI del País A.

Si, en su lugar, el país A tuviera una norma según la cual la renta atribuible al nivel del accionista no pudiera superar la renta atribuible al nivel de la SEC, el umbral de minimis se vería igualmente superado, ya que la renta atribuible al nivel del accionista es 1 035 000, siendo significativamente inferior en el nivel de las SEC.

59. Así pues, a pesar de no formularse ninguna recomendación general a favor o en contra de los umbrales de minimis, si las jurisdicciones optan por introducir tales umbrales, lo idóneo sería combinar estos con una norma anti-fragmentación.

3.2.2. Requisito anti-elusión

60. Un requisito anti-elusión haría que sólo las operaciones y estructuras elusivas quedaran sujetas a las normas de TFI. La introducción de este requisito limitaría el efecto disuasorio de las normas de TFI y, si se aplica de entrada, podría incrementar la carga administrativa y de cumplimiento. Por otra parte, si las normas que definen la renta comprendida en el ámbito del régimen de TFI están bien orientadas, dicho requisito anti-elusión no debería ser necesario. Este informe no trata con más profundidad el requisito anti-elusión, lo que no significa que dicho requisito no pueda cumplir una función en las normas de TFI a efectos de combatir la erosión de bases y el traslado de beneficios.

3.2.3. Exención por tipo de gravamen

61. La mayoría de las normas de TFI incorporan una exención por tipo de gravamen en virtud de la cual las SEC sujetas a un tipo de gravamen que supere cierto umbral quedarían exentas. Dicha exención se incluye por dos razones. En primer lugar, porque permite que las normas de TFI se circunscriban a sociedades que se benefician de jurisdicciones de baja tributación y que, por lo tanto, representan un riesgo mayor de traslado de beneficios. En segundo lugar, porque dirigirse a SEC sometidas a baja tributación puede proporcionar mayor seguridad jurídica para el contribuyente y reducir la carga administrativa en general. No obstante, una exención por tipo de gravamen impediría que las normas de TFI evitasen todos los casos de erosión de bases y traslado de beneficios, ya que seguirían posibilitando la erosión de la base imponible de la jurisdicción de la matriz en favor de jurisdicciones con tipos impositivos altos o medios, razón por la cual algunas jurisdicciones optan por no incorporar esta exención.

62. Las jurisdicciones emplean diferentes métodos para determinar cuándo una SEC ha pagado un nivel bajo de impuestos. Las jurisdicciones pueden requerir a los contribuyentes que hagan un análisis comparativo caso por caso, o bien pueden proporcionar una lista negra o blanca para simplificar el proceso. Con carácter general, el uso de una lista hace innecesario el estudio caso por caso del tipo de gravamen al que se somete la SEC, y es un modo de comunicar qué jurisdicciones aplican un nivel inferior de tributación. El empleo de listas negras o blancas puede facilitar el trabajo tanto a las Administraciones tributarias, a la hora de determinar si las normas de TFI resultan o no aplicables, como a los contribuyentes, que podrán saber con antelación si estarán sometidos o no a las mismas. De hecho, una de las recomendaciones que se derivan de este Capítulo es precisamente el uso de listas, por ejemplo las bancas. El Reino Unido, por ejemplo, tiene una lista blanca que excluye a las SEC residentes en jurisdicciones equivalentes al Reino Unido en términos de base imponible y tipo de gravamen, siempre y cuando cumplan otras condiciones[2]. Finlandia publica una lista de países con convenio tributario (sin incluir Estados miembros de la UE) considerados de baja tributación en función de su tipo impositivo nominal y sus incentivos fiscales, pero sólo trata a una entidad situada en dichos países como SEC si ésta paga menos de las tres quintas partes de los impuestos que hubiera pagado en Finlandia.

Este método, por lo tanto, presume que la SEC está sometida a baja tributación, pero dicha presunción debe sustentarse con una comparación real de los impuestos pagados. Suecia utiliza un método similar, dividiendo a los países en tres categorías: (i) países donde ninguna entidad será considerada SEC; (ii) países en los que las entidades que no obtengan renta sujeta al régimen de TFI no serán consideradas SEC mientras que las entidades que sí obtengan renta sujeta quedarán sometidas a la exención por tipo de gravamen; y (iii) países en los que toda la renta se someterá a la exención por tipo de gravamen. Australia cuenta con una lista blanca por la cual las entidades residentes en países con un impuesto sobre la renta comparable al de Australia quedarían excluidas del régimen de TFI. Así pues, las SEC residentes en las jurisdicciones de la lista estarán exentas de las normas de TFI australianas siempre y cuando no estén sujetas a un régimen fiscal preferencial.

63. Las exenciones por tipo de gravamen requieren que el tipo impositivo al que se ve sometida la SEC sea inferior a cierto nivel. Dichas exenciones utilizan dos posibles puntos de referencia. O bien comparan el tipo de gravamen de la jurisdicción donde reside la SEC con un tipo de gravamen fijo que se considere bajo, o bien comparan el tipo de gravamen de la jurisdicción de la SEC con una porción o porcentaje del tipo de gravamen la jurisdicción de la matriz. Ambas opciones son igualmente válidas de cara a diseñar normas para combatir BEPS, ya que ambas reconocen que el incentivo para trasladar beneficios será mayor cuanto más significativa sea la diferencia entre los tipos de gravamen efectivos.

64. Los países que opten por el primer método tendrían que fijar un tipo impositivo por debajo del cual sus normas de TFI serían potencialmente aplicables. Un ejemplo serían las normas de TFI alemanas, que definen como bajo cualquier nivel de tributación inferior al 25%. De acuerdo con el segundo método, en cambio, la exención por tipo de gravamen se calcularía como un porcentaje de los impuestos que se hubieran pagado en la jurisdicción de la matriz, de forma que el análisis incluiría tanto la base imponible como el tipo impositivo. Las normas de TFI de Reino Unido y Finlandia utilizan este método. Por ejemplo, la legislación del Reino Unido considera que no hay tributación baja si la "cuota tributaria local" alcanza, al menos, el 75% de la cuota tributaria que hubiera correspondido en Reino Unido. Por su parte, la legislación finlandesa, antes referida, entiende que un régimen es de baja tributación si la entidad paga menos de tres quintas partes de los impuestos que hubiera pagado en Finlandia. Independientemente del método que se siga, el punto de referencia debería ser significativamente más bajo que el tipo de gravamen del país que aplica su normativa sobre TFI. La mayoría de las normas de TFI contienen tipos de referencia que llegan, como máximo, al 75% del tipo de gravamen nominal.

65. Una vez fijado el tipo de referencia, las normas de TFI deben determinar cuál es tipo de gravamen en la jurisdicción de la SEC para compararlo con el tipo de referencia. Las normas de TFI en vigor comparan éste con: (i) el tipo de gravamen nominal de la jurisdicción de residencia de la SEC; o (ii) el tipo de gravamen efectivo[3] al que está sometida la SEC. Aunque el uso del tipo de gravamen nominal puede reducir la complejidad administrativa y los costes de cumplimiento, se recomienda utilizar el tipo efectivo. Éste último tiene en cuenta la base imponible y otras disposiciones fiscales que pueden incrementar o reducir el tipo impositivo al que efectivamente queda sometida la SEC y, por lo tanto, es capaz de proporcionar una comparativa más precisa que la que puede ofrecer el tipo nominal. En el caso de utilizar el tipo efectivo, habría que seguir dos pasos para poder determinar si se cumple o no la exención. En primer lugar, deberá calcularse el tipo de gravamen efectivo, lo que implica determinar la renta que ha obtenido la SEC y los impuestos que ha pagado. En segundo lugar, deberá compararse dicho tipo efectivo con el tipo de referencia.

66. El tipo de gravamen efectivo suele basarse en el ratio entre impuestos pagados en la jurisdicción de la SEC y el total de su renta gravable, que a su vez puede calcularse conforme a las leyes del país de la matriz/accionista o bien conforme a estándares internacionales como las NIIF (Normas Internacionales de Información Financiera). Este método viene a reconocer que, aun en los casos en que el tipo nominal no sea bajo, la tributación puede ser baja como consecuencia de (i) una reducción de la base imponible; o (ii) una minoración de la carga fiscal por reembolsos posteriores de impuestos pagados o por la no ejecución de deudas tributarias[4]. Esta situación queda ilustrada en los siguientes dos ejemplos.

a) **Ejemplo 1**: Una SEC residente del país C genera una renta de 80 000 en un año. El país A aplica su normativa sobre TFI si el tipo de gravamen efectivo al que se somete la SEC es inferior a un porcentaje fijo del 25%, teniendo en cuenta la base imponible conforme a la legislación del país A. Con el ánimo de promover la inversión, el país C establece una exención del 20% a la hora de calcular las rentas gravables.

Cálculo de los impuestos pagados en el país C:	
Renta en el país C	80 000
Exención (20%)	16 000
Renta gravable	64 000
Cuota tributaria del impuesto sobre sociedades (30%)	19 200
Impuesto pagado	19 200
Renta en el país C:	
Renta en el país C[5]	80 000
Cálculo del tipo de gravamen efectivo:	
19 200/80 000	**24%**

b) Ejemplo 2: Una SEC residente en el país C genera una renta de 80 000 en un año. El país A aplica sus normas de TFI si el tipo de gravamen efectivo al que se somete la SEC es inferior a un porcentaje fijo del 25%, teniendo en cuenta la base imponible calculada conforme a la legislación del país A. El país C no ofrece exenciones para promover la inversión. Sin embargo, la legislación del país C prevé que los accionistas de la SEC pueden reclamar el reembolso del 20% de la cuota del impuesto sobre sociedades satisfecha por la SEC cuando ésta distribuya dividendos. Los dividendos estarían exentos de tributación en el país A.

Cálculo del impuesto pagado en el país C:	
Renta	80 000
Renta gravable	80 000
Cuota tributaria del impuesto sobre sociedades (30%)	24 000
Reembolso al momento de la distribución (20% de 24 000)	4 800
Impuesto pagado	19 200
Renta en el País C:	
Renta en el País C[6]	80 000
Cálculo del tipo de gravamen efectivo:	
19 200/80 000	**24%**

67. La exención por tipo de gravamen no resulta aplicable en ninguno de los dos ejemplos, ya que el tipo de gravamen efectivo es inferior al tipo de referencia del 25%. Así pues, el cálculo del tipo efectivo debería garantizar que aquellos casos como los ilustrados

en los ejemplos 1 y 2 queden sujetos a las normas de TFI. A continuación se proponen varias formas de hacerlo.

68. El tipo de gravamen efectivo se calcula dividiendo el impuesto pagado entre la renta de la SEC. Como la determinación del impuesto pagado podría exigir prueba de que el impuesto fue efectivamente recaudado y no reembolsado, lo más sencillo sería que el numerador se refiriera, en su lugar, a la carga fiscal final (ésta tendría en cuenta, entre otros, los posteriores reembolsos de impuestos pagados y la no ejecución de las deudas tributarias). El numerador de la división también podría incluir todos los impuestos pagados por la SEC que sean equivalentes al impuesto sobre sociedades de la jurisdicción de la matriz.

69. En comparación con el cálculo del impuesto efectivamente pagado, la determinación del total de renta gravable (es decir, el denominador) puede resultar más problemática. Si el denominador se refiriese a la base imponible extranjera, el tipo de gravamen efectivo sería igual al tipo nominal de la jurisdicción de la SEC[7], frustrando así el propósito de calcular el tipo efectivo. Por ello, el denominador debería ser, o bien la base imponible calculada con arreglo a la normativa de la jurisdicción de la matriz como si la SEC hubiera obtenido allí su renta, o bien la base imponible calculada de acuerdo con estándares internacionales de contabilidad como las NIIS, con ajustes para reflejar las reducciones en la base imponible que dan lugar a una tributación más reducida de la renta de la SEC[8].

70. En teoría, el cálculo del tipo de gravamen efectivo podría dar como resultado un tipo *más elevado* que el tipo nominal de la jurisdicción de la SEC en el caso de que la base imponible calculada con arreglo a la legislación de la jurisdicción de la matriz fuera inferior a la calculada conforme a la legislación de la jurisdicción de la SEC. En la práctica, sin embargo, es improbable que se dé este caso dado que los grupos no se establecerían en jurisdicciones donde la ventaja de un tipo nominal bajo se vería contrarrestada total o parcialmente por una desventaja fiscal a la hora de calcular la base imponible (por ejemplo, la no deducibilidad de gastos).

71. El cálculo del tipo de gravamen efectivo también podría verse afectado por la "unidad" empleada para dicho cálculo. Con carácter general, los países calculan el tipo efectivo sociedad por sociedad pero, en teoría, podría hacerse de una manera más amplia o más restrictiva. Por ejemplo, se podría calcular el tipo efectivo para cada tipo de renta obtenida por la sociedad. Calcular el tipo efectivo de forma restrictiva permitiría a las jurisdicciones aplicar la exención por tipo de gravamen únicamente sobre aquella renta definida como atribuible conforme a las normas de TFI. Por ejemplo, si las normas de TFI de una jurisdicción califican los cánones obtenidos por una SEC como renta atribuible, la exención por tipo de gravamen se aplicaría de forma más precisa sobre esta renta si se calculara un tipo de gravamen efectivo para cada tipo de renta. Esto también cubriría aquellas situaciones en las que sólo algunos tipos de renta se benefician de tipos bajos mientras que otros están sujetos a la tributación ordinaria. El problema de calcular el tipo efectivo de forma restrictiva es que aumentaría la complejidad administrativa y la carga de cumplimiento asociada a la aplicación de la exención por tipo de gravamen. Dicho cálculo también puede realizarse de manera más amplia: sociedad por sociedad o país por país. El cálculo país por país supondría acumular la renta de todas las entidades del grupo residentes en un único país a efectos de calcular el tipo de gravamen efectivo. Este tipo de cálculos más amplios permitirían reducir la complejidad administrativa y la carga de cumplimiento en comparación con los cálculos restrictivos, aunque el cálculo del tipo efectivo país por país sería más complejo que el cálculo sociedad por sociedad, ya que exigiría acumular la renta de todas las SEC residentes de cada jurisdicción, en lugar de calcular únicamente el tipo impositivo efectivo de cada una de ellas. Si las jurisdicciones

donde residen las SEC eximen de tributación las rentas atribuibles a sus establecimientos permanentes (EPs), el tipo impositivo efectivo de los establecimientos permanentes de una SEC debería calcularse de forma separada al tipo impositivo de la SEC para así evitar que la combinación de los tipos aplicables al establecimiento permanente y a la SEC permita eludir la exención por tipo de gravamen.

Notas

1. Si se sigue un enfoque por transacción, el umbral de minimis haría innecesaria una norma especial para declarar exento el capital circulante. Véase Capítulo 4 infra.

2. Estas condiciones son: que no puede haber más que cuantías insignificantes de ciertos tipos de renta que no tributen efectivamente en el país de residencia de la SEC, que ninguna de las rentas de la SEC proceda de activos de PI transferidos desde una parte vinculada del Reino Unido en los últimos 6 años y, por último, que la SEC no se vea envuelta en ninguna operación dirigida a buscar una ventaja fiscal en el Reino Unido para cualquier persona.

3. El tipo de gravamen efectivo puede calcularse como el promedio de los tipos efectivos durante varios años.

4. No obstante, cuando las jurisdicciones no apliquen un análisis de sustancia como el tratado en el Capítulo 4 pueden optar por ajustar el cálculo del tipo de gravamen efectivo de forma que, cuando la minoración de la carga fiscal esté justificada por estándares comúnmente aceptados como el enfoque del nexo acordado en el seno de la Acción 5, esta minoración no afecte al cálculo del tipo de gravamen efectivo a los efectos de aplicar o no las normas de TFI.

5. Este cálculo de renta se ha hecho con arreglo a las normas del país A. El resto de los cálculos de esta tabla se efectúan de acuerdo con las normas del país C, pues su objetivo es calcular los impuestos realmente pagados en el país C.

6. Este cálculo de renta se ha hecho con arreglo a las normas del país A. El resto de los cálculos de esta tabla se efectúan de acuerdo con las normas del país C, pues su objetivo es calcular los impuestos realmente pagados en el país C.

7. Por supuesto esto sólo sería así en la medida en que no hubiera reembolsos y los impuestos fueran realmente ejecutados y recaudados.

8. El cálculo de esta base imponible exige decidir qué tratamiento se dará a las pérdidas de la SEC de ejercicios previos, así como a las pérdidas permitidas por los regímenes de consolidación fiscal. Si la normativa sobre TFI utiliza la regulación de la jurisdicción de la matriz para calcular la base imponible, el tratamiento de las pérdidas también podría ser el mismo que en la jurisdicción de la matriz (esto supondría ignorar el sistema de consolidación fiscal de la jurisdicción de la SEC a los efectos de las normas de TFI de la jurisdicción de la matriz). Si, en lugar de ello, se utiliza un estándar común, una norma debería concretar el tratamiento de las pérdidas a los efectos de calcular la base imponible.

   Con carácter general, la mayoría de los países aplican su propia legislación a la hora de calcular la base imponible de la SEC. En principio, no todas las diferencias en el modo de calcular la base imponible de la SEC entre la normativa de su jurisdicción de residencia y la normativa de la jurisdicción de la matriz resultan problemáticas, pues los problemas vienen generalmente asociados a regímenes preferenciales o a prácticas que reducen la base imponible para ciertos tipos de renta y que, por ende, tienen el efecto de reducir significativamente los impuestos pagados por la SEC. En teoría, las normas de TFI, a la hora de calcular la base imponible de la SEC, podrían tener en cuenta sólo aquellas diferencias que resulten problemáticas. Por ejemplo, si la única razón por la cual la base imponible en la jurisdicción de la matriz es más elevada que la base imponible en la jurisdicción de la SEC es por diferencias temporales en la contabilidad, ello no tiene por qué verse reflejado en el denominador. Una exención por dividendos tampoco debería incluirse dentro de las ventajas fiscales a ser tenidas en cuenta en el denominador, ya que se concede generalmente para eliminar la doble imposición y no para reducir la carga fiscal. Por el contrario, el denominador sí debería tener en cuenta aquellas diferencias que sean consecuencia de una ventaja fiscal en la jurisdicción de la SEC, en la medida en que la ventaja tenga como único fin atraer capital extranjero, incrementando por tanto el riesgo de traslado de beneficios. Por ejemplo, una norma que permita la deducibilidad de intereses nocionales cuando persiga este propósito. Aunque en teoría tenga sentido diferenciar entre las definiciones de base imponible que dan lugar a preocupaciones políticas en el ámbito de las normas de TFI y aquellas que no lo hacen, las únicas normas que hacen tal distinción son aquellas que parten de la base imponible calculada con arreglo a la legislación de la jurisdicción de la SEC y que después se ajustan para reflejar las normas de la jurisdicción de la matriz.

Capítulo 4

Definición de la renta sujeta al régimen de TFI

72. Este capítulo desarrolla el tercer pilar fundamental de las normas de TFI: la definición de la renta que queda sujeta al régimen de TFI. Una vez se ha llegado a la conclusión de que una sociedad constituye una SEC, la siguiente pregunta es si la renta que ésta obtiene suscita riesgos y en consecuencia debe ser atribuida a los accionistas o a aquellas entidades que ejercen control sobre ella. Así pues, las normas de TFI deben determinar qué renta será atribuible, también referida aquí como "renta sujeta al régimen de TFI".

4.1. Recomendación

73. Este informe recomienda que las normas de TFI incluyan una definición de renta que lleve a atribuir la renta que suscite riesgos BEPS a los accionistas que ejercen control desde la jurisdicción de la matriz. Al mismo tiempo, el informe reconoce que es necesaria cierta flexibilidad para permitir que las jurisdicciones diseñen unas normas de TFI acordes con sus entornos políticos internos. Las jurisdicciones podrán definir la renta sujeta al régimen de TFI de la manera que deseen, pudiendo recurrir a los métodos que se explican a continuación. La decisión dependerá en gran medida del nivel de riesgo BEPS al que se enfrente cada jurisdicción.

4.2. Explicación

74. Este apartado proporciona una lista no exhaustiva de métodos que las normas de TFI pueden utilizar a la hora de atribuir la renta que suscite riesgos BEPS, pudiendo incluir, entre otras, las rentas obtenidas por SEC tenedoras de valores *–holdings–*, que presten servicios financieros y bancarios o que se dediquen a la facturación de ventas, así como las rentas derivadas de activos de PI, bienes y servicios digitales, seguros cautivos y reaseguros[1]. Estos métodos pueden utilizarse individualmente o combinados. Con carácter general, las normas de TFI capturan la renta que ha sido separada de la actividad de creación de valor con el objeto de lograr un ahorro fiscal. Las normas de TFI vigentes emplean diversos criterios a la hora de identificar la renta que suscita tales riesgos. Por ejemplo, algunas se plantean si la renta en cuestión pertenece a una categoría de rentas con alto grado de movilidad geográfica; otras ponen el acento en si la renta se obtuvo con la concurrencia de partes vinculadas; otras se fijan en la fuente de la renta; y otras se centran en el nivel de actividad de la SEC. En función de sus prioridades, cada jurisdicción optará por hacer hincapié en unos u otros criterios.

75. Independientemente del método elegido, las normas de TFI deberían, como mínimo, capturar el rendimiento derivado de la retribución de los fondos propios que las normas de precios de transferencia atribuirían a una sociedad sobrecapitalizada *–cash box–* con

escasas funciones cuando ésta cumpla los requisitos previstos en los capítulos previos (aunque en el caso de las normas de TFI que sólo persigan impedir la erosión de la base imponible de la jurisdicción de la matriz, el alcance variaría en función de qué parte de la renta fue trasladada desde la jurisdicción de la matriz)[2]. No obstante, como se advertía en el Capítulo 1, cada jurisdicción utiliza sus normas de TFI con diferentes propósitos de política fiscal, por lo que un método que se centre únicamente en los rendimientos por la aportación de fondos puede no ser conforme con los objetivos políticos de todas las jurisdicciones. Los métodos que se presentan a continuación pueden aplicarse de forma restringida o amplia[3]. Además, las jurisdicciones pueden optar por un sistema de inclusión plena o integral que consideraría a toda la renta obtenida por la SEC como renta atribuible a los efectos de las normas de TFI, independientemente de la naturaleza de dichas rentas. Tales sistemas buscan impedir el diferimiento de impuestos a largo plazo, cuestión importante para los sistemas tributarios de renta mundial.

4.2.1. Análisis por categorías

76. Con carácter general las normas de TFI hoy vigentes suelen establecer distintas categorías de renta, la condición de una renta como atribuible o no atribuible a los efectos de estas normas variará en función de la categoría donde ésta encaje. La definición de las categorías varía según los factores o indicadores que se consideren más relevantes: (i) clasificación legal, (ii) vinculación entre las partes, y (iii) fuente de la renta. No obstante, no toda la renta cubierta por estas categorías suscita necesariamente riesgos BEPS

4.2.1.1. Clasificación legal

77. Las jurisdicciones suelen empezar clasificando la renta según su naturaleza legal, llegando a categorías como las siguientes[4]:

- dividendos
- intereses
- rentas de seguros
- cánones y rentas de PI
- rentas derivadas de ventas y servicios.

78. Las jurisdicciones que recurran a un análisis por categorías basado en la clasificación legal de la renta suelen extraer estas categorías de rentas por ser más proclives a la movilidad geográfica y, por tanto, por suponer mayores riesgos.

- ***Dividendos*** –El problema fundamental que presentan los dividendos es que pueden ser utilizados para trasladar renta "pasiva" (es decir, renta que no procede de ninguna actividad) a una SEC. No obstante, hay tres casos en los que los dividendos no suelen plantear riesgos BEPS. En primer lugar, cuando los dividendos se pagan a partir de las rentas activas de una filial. En segundo lugar, cuando se dejan exentos los dividendos percibidos por una SEC en la medida en que tales dividendos hubieran disfrutado de una exención en la jurisdicción de la matriz de haber sido obtenidos directamente por la sociedad matriz. En tercer lugar, cuando la SEC que percibe los dividendos participa activamente en el mercado de valores y estos dividendos están vinculados a dicha actividad.
- ***Intereses*** – El problema que plantean los intereses y las rentas financieras es que son rentas fáciles de desviar y, por ende, susceptibles de ser trasladadas de la matriz

a la SEC, llevando al sobreapalancamiento de la matriz y a la sobrecapitalización de la SEC. Este tipo de rentas suelen suscitar más riesgos cuando tienen lugar entre partes vinculadas, cuando la SEC está sobrecapitalizada, cuando las actividades que contribuyen a generar dicho interés se sitúan fuera de la jurisdicción de la SEC, o cuando éste no se deriva de un negocio financiero activo. A la hora de regular la atribución de esta renta debe tenerse en cuenta que las entidades reguladas están sujetas, entre otros, a requisitos de capitalización, por lo que las normas en materia de sobrecapitalización deberían considerar tales requisitos y no atribuir renta por la simple razón de que a una entidad se le exige mantener un cierto nivel de capital por razones no fiscales.

- ***Renta de seguros*** – El problema de las rentas procedentes de seguros de riesgos es que éstas pueden desviarse desde las jurisdicciones donde se sitúan los riesgos hacia jurisdicciones de baja tributación. La renta de seguros es más proclive a generar tales riesgos en los siguientes tres supuestos: (i) cuando la SEC está sobrecapitalizada en relación con entidades comparables en el negocio de los seguros; (ii) cuando el tomador del seguro, el asegurado, el beneficiario o los riesgos están situados fuera de la jurisdicción de la SEC; o (iii) cuando la renta de seguros deriva de contratos o pólizas contratadas con una parte vinculada, en particular si la parte vinculada también recibió una deducción por el pago de la prima del seguro. No obstante, la renta que perciba una entidad regulada dentro de un grupo asegurador puede no suscitar los mismos riesgos, ya que la regulación impone restricciones en materia de riesgos y capital[5].
- ***Cánones y rentas de propiedad intelectual (PI)*** – El problema que plantean estas rentas es que, al presentar los activos de PI un alto grado de movilidad, es fácil desviar las rentas derivadas de dichos activos desde el lugar donde se creó el valor de éstos. La renta de PI (incluyendo la renta derivada de bienes y servicios digitales)[6] plantean varios desafíos para las normas de TFI:
  - Resulta particularmente sencillo manipular la renta de PI, ya que puede explotarse y distribuirse de muchas formas diferentes, formas que pueden conducir a una calificación divergente de la renta en función de las clasificaciones formales recogidas en las normas de TFI de cada país. Por ejemplo, es posible que las rentas de PI puedan quedar subsumidas en la categoría de rentas derivadas de ventas y por ende sean tratadas como rentas activas de acuerdo con las normas de TFI de algunos países.
  - Los activos de PI suelen ser difíciles de valorar, en parte porque a menudo carecen de comparables exactos y en parte porque su coste base puede no ser una medición apropiada de la renta que pueden llegar a generar[7].
  - La renta que se obtiene directamente de un activo subyacente de PI es a menudo difícil de separar de la renta generada a partir de los servicios o productos asociados.

  Las normas de TFI que recuren a un análisis por categorías basado en la clasificación legal de la renta tratan de abordar los problemas asociados con las rentas de PI distinguiéndolas de los cánones y tratándolas como renta atribuible. No obstante, y teniendo en cuenta los desafíos arriba mencionados, la distinción conforme a una clasificación legal no es por sí sola suficiente para atribuir toda la renta derivada de PI que suscita riesgos BEPS.

- ***Rentas derivadas de ventas y servicios*** – La renta procedente de la venta de bienes producidos en la jurisdicción de la SEC o de servicios prestados en dicha jurisdicción no suele plantear ningún problema BEPS. No obstante, sí surgen riesgos en estos dos casos: (i) sociedades de facturación; y (ii) rentas de PI. Las primeras son problemáticas porque obtienen rentas procedentes de ventas y servicios que han adquirido de partes vinculadas y a los cuales han añadido poco o ningún valor. Respecto a las segundas, la renta de PI trasladada a la SEC y sobre la que ésta añade poco o ningún valor, suele considerarse renta derivada de venta y servicios y puede escapar del gravamen conforme a las normas de TFI. Así pues, un análisis por categorías basado en la clasificación legal de la renta podría llevar a no atribuir renta que suscita riesgos BEPS si excluye todas las rentas derivadas de ventas y servicios sin tener en cuenta estas dos situaciones.

4.2.1.2. Vinculación de las partes

79. Algunas jurisdicciones ponen el acento en la parte de la que procede la renta obtenida en lugar de (o en combinación con) la clasificación legal de la renta. Muchas de las normas de TFI en vigor capturan las rentas procedentes de partes vinculadas, dado que estas situaciones facilitan el traslado de rentas. Algunas jurisdicciones aplican un test de partes vinculadas muy amplio que incluye tanto la renta procedente de ventas efectuadas a una parte vinculada como aquella procedente de la venta de un bien que fue originalmente adquirido de una parte vinculada. Otra versión del test de partes vinculadas llevaría a capturar la renta derivada de bienes que se desarrollaron conjuntamente con una parte vinculada (por ejemplo, propiedad intelectual desarrollada conjuntamente con una parte vinculada o como parte de un acuerdo de reparto de costes con una parte vinculada)[8]. Este tipo de normas utilizan la vinculación de las partes como un indicador de que la renta ha sido trasladada a una SEC, pero se diferencian en el grado de implicación de la parte vinculada requerido a los efectos de atribuir la renta.

4.2.1.3. Fuente de la renta

80. Algunas normas de TFI vigentes clasifican la renta en función del lugar donde se generó. Este objetivo puede vertebrarse de dos formas distintas: mediante una norma anti-erosión de bases o mediante una norma país-fuente. En todo caso se entiende que la renta que proceda de actividades llevadas a cabo en la jurisdicción de la SEC tiene menos probabilidades de generar riesgos de traslado de beneficios, mientras que la renta procedente de otra jurisdicción representa un riesgo mayor. Las normas anti-erosión considerarían como renta sujeta al régimen de TFI aquella procedente de ventas efectuadas a una parte vinculada o no vinculada situada en la jurisdicción de la matriz, o aquella que proceda de servicios o inversiones localizados en la jurisdicción de la matriz. Teniendo en cuenta que cada jurisdicción persigue diferentes objetivos, cada una de ellas ajustará sus normas anti-erosión en función de la base o bases imponibles que busca proteger. Por ejemplo, cuando se limiten a proteger la base imponible de la jurisdicción de la matriz, sólo la renta que proceda de dicha jurisdicción quedará sujeta al régimen de TFI, aunque esto implica determinar en qué casos se entenderá que la renta fue desviada de esta jurisdicción. En el caso de las jurisdicciones que busquen proteger tanto la base imponible de la jurisdicción de la matriz como las de terceros países, sus normas de TFI podrían cubrir toda aquella renta obtenida por la SEC que proceda de cualquier jurisdicción distinta de la jurisdicción de residencia de la SEC. Este tipo de normas resultan más difíciles de manipular que las que se centran únicamente en la erosión de la base imponible de la jurisdicción de la matriz, pero pueden llevar a tratar como renta sujeta aquella obtenida por la SEC a partir del ejercicio

de auténticas actividades económicas. Esta situación podría darse, por ejemplo, cuando una sociedad extranjera con clientes en la jurisdicción de la matriz se convierte en una SEC tras ser adquirida como parte de una fusión o adquisición. Una norma anti-erosión amplia también podría configurarse como norma de país-fuente, norma que excluiría del régimen de TFI la renta obtenida por la SEC que presente un alto grado de movilidad siempre y cuando proceda de la jurisdicción de residencia de ésta.

4.2.2. Análisis de sustancia

81. Los análisis de sustancia se fijan en si la SEC llevó a cabo actividades significativas a la hora de decidir qué renta se considerará sujeta al régimen de TFI. Muchos regímenes actuales de TFI recurren a un análisis de sustancia de algún tipo, y muchos Estados miembros de la Unión Europea combinan el análisis por categorías con una exclusión general prevista para auténticas actividades económicas. Los análisis de sustancia pueden utilizar una amplia variedad de indicadores a los efectos de establecer si la renta que obtiene la SEC fue separada de la sustancia económica, es decir, de las personas, los establecimientos, los activos y los riesgos entre otros. Con independencia de los indicadores elegidos, los análisis de sustancia se plantean siempre la misma pregunta, que es si la SEC tenía por sí misma la capacidad para generar la renta. Los análisis de sustancia pueden combinarse con los análisis por categorías o de beneficios excesivos, de hecho en la mayoría de los casos no se aplican solos sino junto con normas de naturaleza más mecánica. Aunque supongan incrementar la complejidad de las normas de TFI, estas normas son capaces de identificar y cuantificar con mayor precisión la renta desviada.

82. Los análisis de sustancia pueden configurarse como umbrales o como test proporcionales. Si se configuran como un umbral (de "todo o nada"), el hecho de que la SEC desempeñe un determinado nivel de actividad (conforme a uno o a más indicadores) permitiría que su renta quedara excluida del régimen de TFI. Así pues, una SEC que satisfaga ese mínimo nivel de actividad evitaría que su renta quedara sujeta a gravamen conforme a las normas de TFI. Si, por el contrario, dicho análisis tuviera la forma de un test proporcional, sólo se excluiría del régimen de TFI la renta que sea proporcional al nivel de actividad llevado a cabo por la SEC. Por ejemplo, si la SEC estuviera involucrada en un 75% de la actividad necesaria para generar la renta que obtiene, entonces sólo un 25% de dicha renta quedará sujeta a las normas de TFI. El uso del test proporcional incrementará la complejidad administrativa y los costes de cumplimiento[9], pero debería ser capaz de evitar que las empresas sitúen en la SEC el tipo y la cantidad justa de actividad para impedir que sus beneficios queden sujetos a las normas de TFI de la jurisdicción de la matriz. Una ventaja más del test proporcional es que es más probable que cumpla con el Derecho de la UE, pues sólo somete al régimen de TFI aquellas rentas que no se derivan de auténticas actividades económicas.

83. Como se indicaba en el Capítulo 1, una de las consideraciones políticas a tener en cuenta a la hora de diseñar las normas de TFI es cómo limitar las cargas administrativas y de cumplimiento sin generar oportunidades para la elusión. Los análisis de sustancia evidencian la importancia de esta cuestión, pues normalmente suelen confiar más en criterios cualitativos que en categorías, siendo por tanto más precisos que los métodos puramente mecánicos. La inclusión de los análisis de sustancia en las normas de TFI conlleva un incremento de la carga administrativa y de cumplimiento. Esto es así porque requieren analizar los hechos y circunstancias que rodean a la SEC. No obstante, el incremento de la carga administrativa puede no ser muy significativo, ya que estos análisis no difieren mucho de los ya requeridos por las normas de precios de transferencia. Cuando el análisis de sustancia revele que la SEC carece de suficiente sustancia, algunos o todos

sus beneficios quedarán sujetos a las normas de TFI, incluso después de realizar los ajustes de precios de transferencia.

84. Una forma de abordar este problema es diseñar unos análisis de sustancia que puedan aplicarse de forma más automática y al mismo tiempo mejorar la precisión de los análisis puramente objetivos. La primera posibilidad sería reservar el análisis de sustancia para ciertas categorías de renta, de forma que el resto de las rentas queden automáticamente incluidas o excluidas del régimen de TFI en función de la categoría a la que pertenezcan. Así, el análisis de sustancia no sería aplicable a aquellas categorías de rentas que las jurisdicciones consideren automáticamente sujetas a las normas de TFI por su movilidad, fuente o por la vinculación de las partes. Otra posibilidad sería aplicar el análisis de sustancia como un umbral en lugar de como un test proporcional. La tercera posibilidad sería que el análisis de sustancia tuviera en cuenta indicadores objetivos como los gastos en lugar de otros más difíciles de medir[10].

85. Una vez reconocidos los problemas relacionados con su complejidad y con su interacción con las normas de precios de transferencia, las jurisdicciones pueden diseñar sus análisis de sustancia de muy diversas maneras, incluyendo las que a continuación se exponen.

- La primera opción sería establecer un umbral que realice un análisis de hechos y circunstancias a los efectos de determinar si los empleados de la SEC han contribuido de manera sustancial en la generación de la renta obtenida por ésta[11]. Esta opción podría incluir cláusulas de salvaguarda *–safe harbours–*, ratios u otro tipo de test mecánicos que permitan determinar cuándo se da dicha contribución sustancial.
- La segunda opción consistiría en observar las funciones significativas desarrolladas por las entidades del grupo para determinar si la SEC es la entidad que, con mayor probabilidad, sería propietaria de los activos o asumiría los riegos en el caso hipotético de que las entidades no estuvieran vinculadas[12]. Si se configura como un umbral, las SEC que no cumplan con él tributarían por toda su renta de acuerdo con las normas de TFI (lo contrario ocurriría si la SEC desempeñara las funciones necesarias). Si por el contrario se configura como un test proporcional, sólo quedarían sujetas al régimen de TFI aquellas rentas respecto de las cuales la SEC no hubiera ejercido las funciones necesarias para obtenerlas.
- La tercera opción sería valorar si la SEC tenía en su jurisdicción de residencia suficientes locales comerciales, infraestructuras y trabajadores con las destrezas necesarias para ejercer la mayoría de las funciones fundamentales de la sociedad[13]. Si este test toma la forma de umbral, conduciría a someter al régimen de TFI todas las rentas de una SEC que no contara con los empleados y las infraestructuras necesarias (lo contrario ocurriría si la SEC tuviera los empleados y las infraestructuras necesarias). Si por el contrario se configura como un test proporcional, sólo las rentas respecto de las cuales la SEC no contara con los empleados y las infraestructuras suficientes para obtenerlas quedaría gravada con arreglo a las normas de TFI.
- La cuarta opción sería una variante de la tercera y, siendo coherente con los trabajos realizados en otras áreas del Proyecto BEPS, recurriría al enfoque del nexo desarrollado en el contexto de la Acción 5 para garantizar que los regímenes preferenciales de PI exijan una actividad sustancial[14]. Las normas de TFI podrían incluir una versión del enfoque del nexo como un análisis de sustancia conforme al cual la renta obtenida por la SEC que satisfaga los requisitos establecidos por el enfoque del nexo quedaría excluida de gravamen a los efectos de las normas

de TFI, mientras que el resto de la renta derivada de los activos de PI elegibles conforme al enfoque del nexo sí resultaría gravable. De acuerdo con esta versión del enfoque del nexo, toda la renta derivada de los activos de PI elegibles quedará sometida a gravamen conforme a las normas de TFI, a menos que el contribuyente pueda demostrar que dicha renta habría podido acogerse a los beneficios de un régimen de PI compatible con el enfoque del nexo en la jurisdicción donde reside la SEC. Si dicho régimen de PI no siguiera el enfoque del nexo, quedarían sujetas al régimen de TFI todas las rentas derivadas de activos de PI elegibles adquiridos de una parte vinculada o desarrollados conjuntamente con ella, a menos que el contribuyente pueda demostrar que dicha renta habría podido acogerse a los beneficios conforme al propio enfoque del nexo. Como esta opción sólo sería aplicable respecto de las rentas derivadas de los activos de PI elegibles, debería combinarse con otro tipo de análisis de sustancia para los otros tipos de renta (incluyendo otras rentas de PI).

86. Los análisis de sustancia suelen mejorar la precisión de las normas de TFI, pero dicha precisión debe ponderarse con la complejidad inherente a todo análisis de sustancia basado en hechos. En función de los objetivos de política fiscal de cada jurisdicción, algunas priorizarán la precisión sobre la simplicidad y otras diseñarán sus análisis de sustancia de una mera más mecánica y menos compleja.

4.2.3. Análisis de beneficios anormalmente elevados ("beneficios excesivos")

87. Otra forma de definir la renta que quedaría sujeta a gravamen conforme a las normas de TFI es el análisis de "beneficios excesivos", no utilizado por ninguna de las normas de TFI hoy vigentes. Este método llevaría a tratar como renta sujeta aquellos beneficios obtenidos en jurisdicciones de baja tributación que excedan de los "rendimientos corrientes". Este método podría ser adecuado en el contexto de las rentas de PI, pues con carácter general los contribuyentes que se dedican a comprar, vender, fabricar o prestar un servicio no pueden aspirar a obtener beneficios que vayan más allá de los rendimientos corrientes, a menos que dichas actividades impliquen la utilización de un activo de PI. En algunos casos, las operaciones que tienen como objeto activos intangibles o la transmisión de riesgos entre partes vinculadas son susceptibles de darse a precios inadecuados de manera sistemática, provocando la obtención de un beneficio superior al rendimiento corriente, algo que no sucedería si la operación hubiera tenido lugar entre partes no vinculadas. Esto lleva a pensar que el análisis de beneficios excesivos tendería a capturar la renta derivada de activos intangibles y de la transmisión de riesgos.

88. Dependiendo de los objetivos políticos de cada jurisdicción, se podría incluir un requisito previo que limite el uso del método de beneficios excesivos a los casos en que la SEC haga uso de activos intangibles adquiridos de, o desarrollados por o con la asistencia de, una parte vinculada, lo que significaría que éste método podría combinarse con un análisis por categorías. Otra alternativa sería combinar este método con una presunción iuris tantum conforme a la cual el método de beneficios excesivos sería aplicable a todas las SEC *a menos que* éstas puedan probar que no hicieron uso de ningún intangible adquirido de, o desarrollado por o con la asistencia de, una parte vinculada[15]. Por su parte, las jurisdicciones que persigan otros objetivos podrían aplicar este método a todas las rentas obtenidas por las SEC, sin recurrir a ningún requisito previo o presunción iuris tantum.

89. El método de beneficios excesivos propuesto calcula el rendimiento corriente y después resta éste a la renta total obtenida por la SEC. La diferencia constituirá el rendimiento

excesivo, que quedará sujeto al régimen de TFI. El rendimiento corriente es el rendimiento que un inversor ordinario esperaría obtener en relación a una determinada inversión de capital. Este rendimiento corriente puede calcularse utilizando la siguiente fórmula:

Rendimiento corriente = (tasa de rendimiento) × (capital computable)

90. Esta fórmula requiere determinar, en primer lugar, qué tasa de rendimiento utilizar y, en segundo lugar, cómo calcular el capital computable.

- ***Tasa de rendimiento*** – Con respecto a la *tasa de rendimiento*, es poco probable que un inversor ordinario acepte una tasa de rendimiento libre de riesgo para una inversión de retorno incierto. La tasa de rendimiento normal en relación al capital invertido debería incluir el riesgo, lo que equivaldría a una tasa de rendimiento libre de riesgo más una prima que refleje el riesgo asociado a la inversión de capital, aunque algunas jurisdicciones pueden optar por una tasa de rendimiento libre de riesgo dependiendo de sus objetivos políticos. Los estudios económicos suelen estimar la tasa de rendimiento normal (riesgo incluido) en torno a un 8% ó 10% aproximadamente, aunque varía en función de la industria, el endeudamiento y la jurisdicción[16].

- ***Capital computable*** – Como el método de beneficios excesivos pretende dejar exentos los rendimientos corrientes derivados de los activos utilizados en relación con las funciones ejercidas en la jurisdicción de baja tributación, entonces sólo el capital invertido en aquellos activos utilizados en la actividad comercial o empresarial, incluyendo los activos de PI, debería computar como capital. Como la renta sujeta a tributación de acuerdo con otras normas de TFI de la jurisdicción de la matriz quedaría excluida de los rendimientos totales, las jurisdicciones podrían excluir del capital computable cualquier capital invertido en activos generadores de rentas que ya hubieran quedado sujetas a tributación de conformidad a otras normas de TFI de la jurisdicción de la matriz[17].

91. A continuación habría que restar el rendimiento corriente a la renta total obtenida por la SEC que no hubiera quedado sujeta a tributación conforme a otras normas de TFI en la jurisdicción de la matriz. El exceso quedaría sujeto a gravamen conforme a las normas de TFI.

92. Como ejemplo de cómo funcionaría el método de beneficios excesivos, imagine que la filial B, residente en el País B, es una filial enteramente participada por la matriz, residente en el País A. La filial B utiliza sus fábricas situadas en el País B para fabricar y distribuir el producto B, basado en el activo de PI adquirido de la matriz. En el año 1, la filial B gastó 600 000 en la adquisición de derechos sobre el activo de PI desarrollado por la matriz. Además, la filial B también invirtió un total de 500 000 en sus instalaciones de fabricación. En la contabilidad, la adquisición de los derechos sobre el activo de PI y la inversión en instalaciones de fabricación figuran como activos en el balance con un valor igual al de su coste de adquisición. Tanto el activo de PI como las instalaciones de fabricación son utilizados en la actividad comercial y empresarial de la filial B, consistente en la fabricación y distribución del producto B. En el año 2, la filial B obtuvo un beneficio de 700 000 por las ventas del producto B[18]. Para determinar si la filial B percibe renta atribuible a los efectos de las normas de TFI, el método de beneficios excesivos calcularía el rendimiento corriente utilizando la siguiente fórmula:

rendimiento corriente = (tasa de rendimiento) × (capital computable)

93. Si la tasa de rendimiento se hubiera fijado en 10%, la fórmula mostraría que el rendimiento corriente anual sería de 110 000 (esto es así porque 110 000 = 10% x (600 000

+ 500 000). Los rendimientos excesivos se calcularían restando 110 000 a los beneficios de la filial B. Los beneficios excesivos de la filial B para el año 2 ascenderían por lo tanto a 590 000, quedando toda esa renta sujeta a gravamen conforme a las normas de TFI.

94. El método de beneficios excesivos no dependería de clasificaciones formales para determinar si la renta quedaría sujeta o no al régimen de TFI; tampoco sería necesario identificar de dónde o de quién viene la renta, ni de qué actividades se deriva. Además, dicho método debería evitar la posibilidad de que la renta que no suscite riesgos BEPS impida que la renta que sí los suscite quede sujeta a dicho régimen. No obstante, debería ponderarse, por un lado la naturaleza mecánica de este método y por otro lado su capacidad para capturar con precisión la renta trasladada y los retos que plantea la cuantificación del rendimiento corriente. Dependiendo de los objetivos políticos de cada país, aquellos que prioricen la precisión sobre la simplicidad de una norma mecánica entenderán que este método debería combinarse necesariamente con una exclusión obligatoria basada en la sustancia. En cambio, otros países pueden creer que restar el rendimiento corriente del capital computable es un método efectivo a la hora de definir la renta gravable a los efectos de las normas de TFI. Por todas estas razones, no se ha alcanzado consenso sobre la posibilidad de combinar o no el método de beneficios excesivos con una exclusión obligatoria basada en la sustancia.

4.2.4. Enfoque por entidad o por transacción

95. Independiente del tipo de análisis elegido a la hora de definir la renta sujeta al régimen de TFI, las jurisdicciones deben decidir si aplicarán dicho análisis entidad por entidad o transacción por transacción (éste último atribuiría flujos individuales de renta). De acuerdo con el enfoque por entidad, una entidad que no obtenga cierta cuantía o porcentaje de renta atribuible o una entidad que participe en determinadas actividades, se considerará que no obtiene ninguna renta atribuible, por mucho que algunas de sus rentas hubieran tenido en principio tal carácter. En cambio, de acuerdo con el enfoque por transacción lo que se evalúa es la naturaleza de cada flujo de renta para determinar si dicho flujo es atribuible o no. La diferencia entre ambos planteamientos es que, de acuerdo con el enfoque por entidad, se atribuirá o toda o ninguna renta de la SEC en función de si la mayor parte de su renta resulta atribuible o no conforme a las normas de TFI. En cambio, de acuerdo con el enfoque por transacción, sería posible atribuir alguna renta aunque la mayoría no fuera atribuible.

96. El enfoque por entidad puede reducir la carga administrativa pues, una vez que la Administración tributaria comprueba que la entidad obtiene una determinada cantidad de renta atribuible o participa en ciertas actividades, se determinará la aplicación o inaplicación de las normas de TFI, sin necesidad de mayor análisis. Además, el enfoque por entidad también podría reducir los costes de cumplimiento e incrementar la seguridad jurídica, pues los contribuyentes sabrán con certeza que sólo quedarán sujetos al régimen de TFI si una parte significativa de su renta encaja en la definición de renta atribuible. Así pues, este enfoque reduce las posibilidades de que un contribuyente quede sujeto a las normas de TFI si su renta atribuible representa únicamente una pequeña parte de su renta total. La principal desventaja que presenta el enfoque por entidad es que, al someter al régimen de TFI o bien toda o bien ninguna renta de la SEC, resulta tanto sobre-inclusivo como infra-inclusivo. Una entidad que obtiene suficiente renta atribuible verá la totalidad de su renta (incluyendo aquella de otro modo no atribuible) sujeta al régimen de TFI, mientras que una entidad que obtiene alguna renta susceptible de atribución podría eludir la aplicación de las normas de TFI inyectando renta no atribuible. Por ejemplo, una entidad que se dedique principalmente a actividades generadoras de rentas activas podría evitar que

una gran cantidad de sus rentas pasivas quedaran sujetas al régimen de TFI[19]. Además, es posible que el enfoque por entidad no reduzca significativamente la carga administrativa, pues seguiría obligando a los contribuyentes a determinar si sus flujos individuales de renta son atribuibles o no. En todo caso, en cuanto se supere el umbral o se determine que no podrá alcanzarse, no será necesario seguir analizando posteriores flujos de renta.

97. El enfoque por transacción podría incrementar la carga administrativa y los costes de cumplimiento en comparación con el enfoque por entidad, pues podría obligar a las Administraciones tributarias a analizar un número mayor de entidades a la luz de sus normas de TFI, aunque ello dependerá de cómo se configuren otros elementos de dichas normas. Por ejemplo, si las normas de TFI fijan un umbral muy alto a los efectos de considerar que una SEC se encuentra sometida a baja tributación, y además aplican un análisis de sustancia proporcional, ello supondría atraer un gran número de sociedades dentro del ámbito de las normas de TFI, lo que se vería agravado si además se sigue un enfoque por transacción. A pesar de estas desventajas, el enfoque por transacción es con carácter general más preciso a la hora de atribuir renta. Como requiere analizar por separado cada flujo de renta para determinar si es o no atribuible, está mejor preparado que el enfoque por entidad a la hora para dirigirse a tipos específicos de renta de forma más efectiva. Permite además atribuir sólo aquella renta que suscite riesgos BEPS, y este mayor grado de proporcionalidad indica que podría ser más compatible tanto con los objetivos marcados por la Acción 3 como con el Derecho de la UE[20]. No obstante, el enfoque por transacción puede fijar un umbral para impedir que los negocios activos con excedente de tesorería vean dicho excedente sometido al régimen de TFI. Este umbral podría configurarse como un umbral de minimis. En Australia por ejemplo, una SEC vería toda su renta excluida del régimen de TFI si, de su renta total, la pasiva representa como máximo un 5%. Otra posibilidad sería aplicar un análisis funcional para determinar cuánta renta, de otro modo atribuible, se mantiene de hecho como excedente de tesorería. El primer tipo de umbral reduciría la carga administrativa y los costes de cumplimiento pero podría no ser preciso en algunas circunstancias, mientras que el segundo tipo sería más preciso pero incrementaría la carga administrativa y los costes de cumplimiento[21].

Notas

1. El párrafo 78 trata con más detalle estas categorías de rentas.

2. Véase el informe de 2015 sobre las Acciones 8-10: "Alineación de los resultados de los precios de transferencia con la creación de valor" (*Aligning Transfer Pricing Outcomes With Value Creation,* OCDE, 2015) que permitiría atribuir un rendimiento financiero exento de riesgo a una entidad sin capacidad de controlar los riesgos.

3. Téngase en cuenta que no todos estos métodos capturan de manera automática el rendimiento por la aportación de fondos atribuido a una sociedad sobrecapitalizada *–cash box–* con escasas funciones, aunque todos ellos pueden ajustarse para tal fin. Por ejemplo, el análisis por categorías podría prever una categoría de renta automáticamente atribuible que cubriera, con independencia de su clasificación legal, este rendimiento.

4. Las jurisdicciones también pueden incluir otras categorías de rentas, como las rentas derivadas de alquileres o de arrendamientos financieros *–leasing–*.

5. Por ejemplo, las normas de TFI que atribuyan rentas de seguros pueden excluir las rentas derivadas de actividades de reaseguro cuando cumplan todos o la mayoría de los siguientes requisitos:
   - Las condiciones del contrato de reaseguro son de mercado.
   - Existe una efectiva transferencia y diversificación de riesgos en la reaseguradora.
   - La posición de capital económico del grupo ha mejorado como resultado de dicha diversificación, y existe un impacto económico real en el grupo en general.
   - Tanto el asegurador como el reasegurador son entidades reguladas sometidas a regulaciones similares que exigen prueba de la transmisión de riesgos y unos niveles apropiados de capital.
   - El seguro original involucraba riesgos de terceros fuera del grupo.
   - La SEC cuenta con la experiencia y las habilidades técnicas necesarias, incluyendo empleados con experiencia en la suscripción de seguros bien en la SEC o bien en una empresa de servicios vinculada.
   - La SEC se enfrenta a la posibilidad real de incurrir en pérdidas.

6. Aunque la economía digital no puede definirse, con carácter general, de forma separada a otras partes de la economía, uno de los rasgos que la caracterizan es que el valor de los bienes y servicios digitales se debe generalmente a la propiedad intelectual. Tanto en el caso de rentas de PI como en el de bienes y servicios digitales, no siempre existe un activo de PI identificable, pero las rentas generadas en ambos casos se obtienen generalmente gracias a un activo de PI de algún tipo. Por esta razón, este informe no considera la renta de bienes y servicios digitales como una categoría separada de renta, sino más bien como una sub-categoría dentro de la renta de PI.

7. Véase el Borrador para Debate sobre la Acción 8 de BEPS: "Intangibles de difícil valoración" (*Hard to value intangibles*, OCDE, 4 de junio de 2015) disponible en www.oecd.org/ctp/transfer-pricing/discussion-draft-beps-action-8-hard-to-value-intangibles.pdf. En el párrafo 9 el Borrador define intangibles de difícil valoración como "intangibles o derechos sobre intangibles respecto de los cuales, en el momento en que se transfieren entre empresas asociadas, (i) no existen suficientes comparables fiables; y (ii) no existen pronósticos fiables sobre los futuros flujos de renta que se espera obtener a partir del intangible transferido, o cuando las suposiciones utilizadas a la hora de valorarlo son muy inciertas".

8. La Administración de Estados Unidos propuso dicha norma en 2015 como parte de la definición de renta digital de entidades no residentes.

9. Como se explica a continuación, un test proporcional que tenga en cuenta factores más mecánicos, como los gastos, puede mitigar la carga administrativa y de cumplimiento. En cualquier caso, los métodos proporcionales más mecánicos se fijan en indicadores de actividades sustanciales, de forma que pueden no ser del todo precisos en el momento de atribuir la renta.

10. Estas opciones, en particular las dos primeras, pueden ser menos apropiadas para los Estados miembros de la Unión Europea.

11. Encontramos un ejemplo de esta primera opción en las normas de TFI estadounidenses. Conforme el test de contribución sustancial aplicable a la renta derivada de ventas obtenida por una SEC, dicha renta, normalmente atribuible, no lo sería si "los hechos y circunstancias evidencian que la sociedad extranjera controlada efectúa una contribución sustancial por medio de las actividades llevadas a cabo por sus trabajadores para la fabricación, producción o construcción de la propiedad personal vendida". 26 CFR 1.954(3)(a)(4)(iv)(a). El test proporciona una lista de siete actividades que indicarían que la SEC contribuye de forma sustancial. Todas ellas valoran, en esencia, si la sociedad participa realmente en la creación de valor. Estas actividades incluyen (1) supervisión y dirección de las actividades o procesos mediante los cuales el bien es fabricado, producido o construido; (2) actividades tenidas en cuenta a la hora de determinar si los productos fueron transformados de forma sustancial o si el montaje o conversión de los componentes del producto final es de naturaleza sustancial y se puede asimilar a la fabricación, producción o construcción de los bienes; (3) la selección del material o los proveedores, o el control de la materia prima, del proceso de fabricación o

de los bienes terminados; (4) gestión de los costes de fabricación o capacidades (por ejemplo, la gestión de riesgos de pérdidas, reducción de costes o iniciativas de eficiencia asociadas al proceso de fabricación, planificación de la demanda, programación de la fabricación o cobertura de los costes de materias primas); (5) control de la logística relacionada a la fabricación; (6) control de calidad (por ejemplo, pruebas de muestreo o establecimiento de estándares de control de calidad); y (7) desarrollar, o dirigir el uso o el desarrollo del diseño del producto o las especificaciones del diseño, así como secretos comerciales, tecnología u otra propiedad intelectual para la fabricación, producción o construcción de los propios bienes. Las regulaciones proporcionan ejemplos que ilustran como se aplicaría este análisis de hechos y circunstancias.

12. Un ejemplo de la segunda opción es la normativa sobre TFI de Reino Unido, que utiliza los conceptos y directrices desarrollados por la OCDE para el artículo 7 con el objeto de identificar las funciones humanas sustantivas asociadas a cada activo, para así poder dilucidar si la sociedad extranjera controlada realizaba tales funciones.

13. Un ejemplo de esta tercera opción es el test sudafricano de establecimiento empresarial extranjero. En virtud de dicho test, la renta de una SEC generada mediante un establecimiento empresarial extranjero que opera dentro del principio de plena competencia no quedaría sujeta al régimen de TFI. Los establecimientos empresariales extranjeros son lugares de negocio que cuentan con una estructura física y que se utilizan (o se continuarán utilizando) durante al menos un año. Estos lugares de negocio deben ser el lugar donde se desarrolla la actividad de la SEC y deben estar equipados y dotados del personal operativo y de dirección necesarios para prestar los servicios que conforman la actividad principal de la SEC.

14. El enfoque del nexo aplica a la renta un análisis proporcional conforme al cual la proporción de renta que podría beneficiarse de un régimen de PI sería la proporción existente entre los gastos considerados como elegibles (por ejemplo, los gastos incurridos en Investigación y Desarrollo (I+D) por la SEC o por partes no vinculadas) y los gastos totales (es decir, los elegibles más los costes de adquisición y los gastos incurridos en I+D por partes vinculadas). En virtud del enfoque del nexo, los gastos en I+D constituyen un indicador de actividad sustancial, proporcionando un método mecánico a los efectos de determinar si la SEC tenía los empleados necesarios para poder obtener la renta de PI por sí misma.

15. Si se optara por cualquiera de estas dos disposiciones, se definiría propiedad intangible de forma amplia para abarcar aquello que no sea un activo físico o financiero, que pueda ser poseído o controlado para su uso en actividades comerciales, y que incremente el valor recibido por la entidad más allá de los rendimientos corrientes. Esta definición debería cubrir también los activos intangibles que no estén legalmente protegidos, como los secretos comerciales, los conocimientos técnicos (*know-how*), las carteras de clientes, los sistemas de gestión, redes, datos, el fondo de comercio y otros elementos similares. Este método debería combinarse con una norma de país-fuente que permita excluir del cálculo de beneficios excesivos la renta que proceda del mercado de la jurisdicción donde reside la SEC (por ejemplo, de clientes de dicha jurisdicción o de servicios prestados allí).

16. La tasa de rendimiento libre de riesgo varía en función del país, y generalmente puede calcularse con referencia al tipo medio del bono del Estado durante varios años. Aunque en principio puede parecer razonable utilizar la tasa de rendimiento libre de riesgo de la jurisdicción de SEC, el principio que subyace en las normas de TFI es que la entidad matriz tiene el poder para decidir dónde situar a la SEC (y si traslada renta a la misma). En consecuencia, resulta probable que la entidad matriz tome sus decisiones de inversión basándose en la tasa de rendimiento de su propia jurisdicción. Así pues, la tasa de rendimiento libre de riesgo utilizada para calcular la tasa de rendimiento normal (riesgo incluido) podría por tanto basarse en la tasa de la jurisdicción de la matriz. La prima de riesgo representa el rendimiento adicional esperado que exige un inversor para compensar la incertidumbre sobre el retorno de una inversión en particular. Los análisis económicos no han determinado de forma concluyente cuál sería la prima de riesgo apropiada, pues varía en función de la industria y del endeudamiento de la entidad, pero a menudo se sitúa en torno a un 3% y 7%.

17. En cuanto al cálculo del capital invertido en los activos arriba referidos, una opción sería utilizar el valor contable de esos activos restándole las deudas prorrateadas al capital computable. El valor contable puede ser a menudo una medición más precisa que el coste histórico, pero en otros casos, los activos se costean en la medida en que se van generando, y por ende no aparecen recogidos en el balance. Otra opción sería utilizar el coste de adquisición a efectos fiscales, tal y como se determine conforme a la legislación de la jurisdicción de la matriz. Las deudas tendrían que ser prorrateadas, probablemente de acuerdo al valor relativo de los activos o a los ingresos, con la posibilidad de identificar aquellas obligaciones asociadas a deudas sin recurso.

18. Para facilitar el cálculo, este ejemplo asume que no hay deudas prorrateadas sobre las instalaciones de fabricación.

19. Los Estados miembros de la UE deben valorar si el enfoque por entidad es compatible con el Derecho de la UE.

20. Aunque el Tribunal de Justicia de la Unión Europea (TJUE) todavía no ha valorado la presencia de actividades económicas auténticas siguiendo un enfoque por transacción, todo indica que unas normas de TFI que atribuyan renta de esta manera podrían dirigirse de manera más certera a aquellas rentas que suscitan riesgo, siendo por ende más acordes con el Derecho de la UE.

21. Algunas jurisdicciones cuentan con un enfoque híbrido que combina ambos, determinando en primer lugar si una entidad tiene una cantidad suficiente de renta atribuible antes de entrar a valorar si algunos de sus flujos específicos de renta han de ser efectivamente atribuidos. Las normas japonesas de TFI son un ejemplo de este tipo de enfoque híbrido. Conforme a la normativa japonesa, ciertas entidades quedarían excluidas del régimen de TFI en función de su tipo de renta y actividades, lo que no impide que algunos de los flujos de renta obtenidos por dicha entidades puedan, aun así, quedar sujetos al régimen de TFI. Como este enfoque analiza distintos flujos de renta en lugar de limitarse a atribuir toda la renta de una entidad, puede considerarse, en esencia, una versión del enfoque por transacción.

Bibliografía

OECD (2015), *Aligning Transfer Pricing Outcomes With Value Creation*, OECD Publishing, Paris, http://dx.doi.org/10.1787/9789264241244-en.

Capítulo 5

Normas para calcular la renta

98. Este capítulo presenta las recomendaciones relativas al cuarto de los pilares fundamentales de las normas de TFI: las normas para calcular la renta. Una vez se determine que la renta resulta atribuible es necesario cuantificarla.

5.1. Recomendaciones

99. A la hora de calcular la renta atribuible de una SEC es necesario tomar dos decisiones: (i) las normas de qué jurisdicción deberían ser aplicables y (ii) si son necesarias normas específicas para calcular la renta atribuible. En cuanto a la primera cuestión, se recomienda utilizar la normativa de la jurisdicción de la matriz para efectuar dicho cálculo. Con respecto a la segunda, y en la medida en que la ley lo permita, se recomienda que las jurisdicciones cuenten con una norma específica que sólo permita utilizar las pérdidas de la SEC para compensar beneficios de la propia SEC o de otras SEC residentes de su misma jurisdicción.

5.2. Explicación

100. La primera recomendación se refiere a las normas aplicables para calcular la renta gravable. Antes de llegar a ella se valoraron las siguientes cuatro opciones.

1. Una opción sería aplicar la legislación de la jurisdicción de la matriz (es decir, la jurisdicción que está aplicando sus normas de TFI), lo que sería coherente con la problemática BEPS, en particular si dichas normas de TFI buscan prevenir la erosión de la base imponible de la jurisdicción de la matriz. Esta opción también reduciría los costes administrativos. Las jurisdicciones podrían alcanzar un resultado similar calculando la renta conforme a la legislación de la jurisdicción de la SEC y ajustándola después de acuerdo con la legislación de la jurisdicción de la matriz.
2. La segunda opción sería utilizar las normas de cálculo de renta de la jurisdicción de la SEC, pero ello no sería coherente con los objetivos de la Acción 3, pues utilizar tales normas podría suponer una reducción de la renta atribuible. Esta opción también tendría como consecuencia un mayor grado de complejidad y un incremento en los costes administrativos para las Administraciones tributarias, pues se verían obligadas a aplicar normas con las que no están familiarizadas.
3. La tercera opción permitiría a los contribuyentes elegir las normas de cálculo de renta de cualquiera de las jurisdicciones, pero ello implicaría generar oportunidades de planificación fiscal.

4. La última opción sería calcular la renta empleando un estándar común. Por ejemplo, algunas jurisdicciones compelen a sus contribuyentes a utilizar las Normas Internacionales de Información Financiera (NIIF). La ventaja de este método es que, en teoría, conduciría a una mayor coherencia internacional, pues todas las jurisdicciones de las matrices y de las SEC estarían utilizando las mismas normas para calcular la renta, independientemente del lugar de residencia de la matriz o de la SEC. No obstante, como la mayoría de los países no emplean actualmente estos estándares en el cálculo de rentas, esta opción es susceptible de incrementar los costes administrativos y de cumplimiento, en la medida en que los contribuyentes se verían obligados a recalcular la renta de la SEC conforme a estándares que no utiliza ni la jurisdicción de la matriz ni la de la SEC.

101. De acuerdo con este análisis, se recomienda la primera opción porque es coherente con los objetivos del *Plan de Acción BEPS* (OCDE, 2013) y porque reduce los costes administrativos.

102. Para llegar a la segunda recomendación, se evaluó cómo debían tratarse las pérdidas. La mayor parte de las cuestiones relacionadas con las pérdidas pueden abordarse desde la legislación interna preexistente de la jurisdicción de la matriz[1]. Cuestiones como, por ejemplo, la posibilidad de limitar el uso de las pérdidas para compensar beneficios a los casos en que éstos sean de naturaleza similar. De manera que, si dicho límite fuera de aplicación, las pérdidas pasivas de una SEC sólo podrían utilizarse para compensar beneficios pasivos.

103. Otra cuestión es si las pérdidas de la SEC deberían poder compensar únicamente los beneficios de dicha sociedad o si también podrían hacerlo con los beneficios de la matriz. La mayoría de las normas de TFI hoy en vigor sólo permiten utilizar las pérdidas de la SEC contra los beneficios de esa SEC o de otras SEC residentes en su misma jurisdicción, opción recomendable en la medida en que permitir la compensación contra los beneficios de la matriz o de otras SEC residentes en otras jurisdicciones alentaría la manipulación de las pérdidas en la jurisdicción de la SEC[2]. Como es probable que este problema no esté previsto en las normas internas actuales, podría ser necesaria una norma específica. También podrían aplicarse conjuntamente dos normas, por una parte, una que impida que las pérdidas de la SEC sean utilizadas para compensar beneficios que no sean los de la propia sociedad y, por otra parte, otra que sólo permita tal compensación cuando los beneficios sean de similar naturaleza. Siendo así, las pérdidas pasivas de una SEC sólo podrían compensar los beneficios pasivos de dicha sociedad. El riesgo de sobreimposición como resultado de este planteamiento puede mitigarse permitiendo que las pérdidas de la SEC puedan llevarse a otros periodos impositivos previos o posteriores con el objeto de compensar los beneficios generados en esos otros periodos, en la medida en que la legislación de la jurisdicción de la matriz lo permita[3].

104. La recomendación sobre la limitación del uso de pérdidas se ilustra en el próximo ejemplo. La matriz es residente en el País A, y la filial B es una filial enteramente participada por la primera que reside en el País B y que cumple los requisitos para ser considerada una SEC de la primera. El País A tiene normas de TFI. En el año 1, la matriz obtiene 1 000 y la filial B obtiene una renta atribuible de 500. La matriz tiene una pérdida de 200 mientras que las pérdidas de la filial ascienden a 1 000. Así queda reflejado en el Cuadro 5.1.

Cuadro 5.1. **Limitación del uso de las pérdidas**

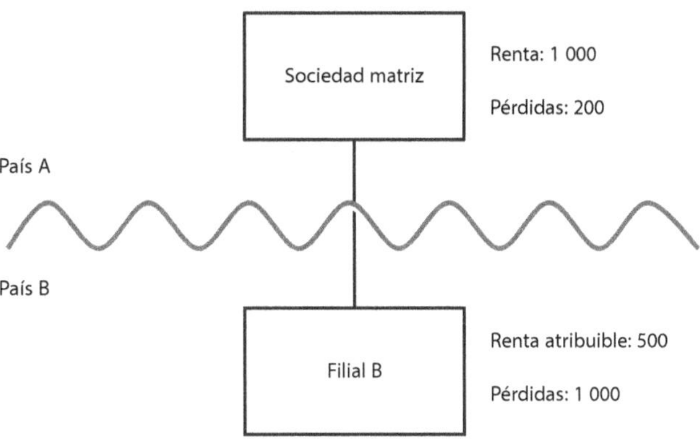

105. Si la normativa sobre TFI del País A no limitara el uso de las pérdidas de la filial B a la compensación de los beneficios de la propia filial, entonces la matriz sólo tributaría por 300, pues se utilizaría la pérdida global de 1200 para compensar los 1500 de beneficios. Si, por el contrario, la normativa sobre TFI de A sí estableciera dicha limitación, entonces la matriz tributaría por 800 (1 000-200) y no se atribuiría ninguna renta de la filial B a la matriz, pues toda la renta a priori atribuible de la filial B habría quedado compensada por las pérdidas, quedando pendiente una pérdida de 500 que, en función de las normas de TFI del país A, podría en su caso compensar las renta de la filial B de ejercicios futuros. Este límite frenaría la utilización de las SEC para reducir la renta gravable en la jurisdicción de la matriz.

106. Si el País A ya tuviera una norma que impidiera que las pérdidas pasivas compensaran rentas activas, tal norma podría combinarse con la norma arriba recomendada sobre la limitación del uso de las pérdidas, como se muestra en el Cuadro 5.2.

Cuadro 5.2. **Limitación del uso de las pérdidas con una limitación preexistente de pérdidas pasivas**

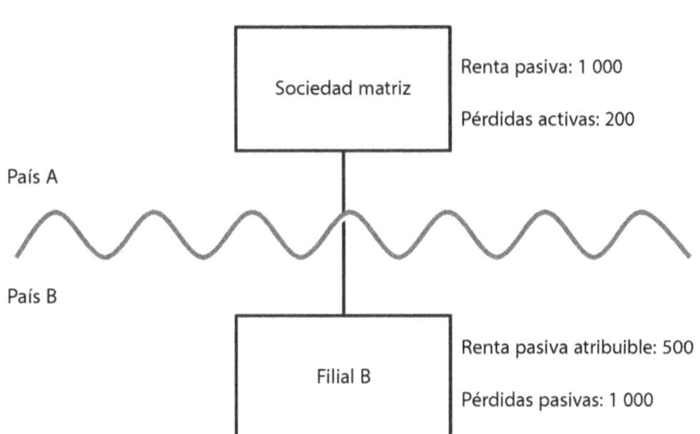

107. Si toda la renta de la matriz es pasiva y todas sus pérdidas activas, mientras que todas las rentas y pérdidas de la filial B son pasivas, la matriz tributaría por 1 000. Esto sería así porque las pérdidas activas de la matriz no podrían utilizarse para compensar sus beneficios pasivos y porque las pérdidas pasivas de la filial B compensarían la totalidad de sus beneficios pasivos, siendo imposible utilizar la pérdida remanente contra los beneficios de la matriz de acuerdo con la norma de limitación del uso de pérdidas.

108. Otro problema sería la posible importación de las pérdidas. Esta situación podría plantearse si una SEC arrastra pérdidas que proceden de un momento previo a su consideración como SEC, o si se transmite a la SEC una actividad con pérdidas para así absorber sus beneficios. Si las pérdidas sólo pueden utilizarse para compensar los beneficios de la SEC, el hecho de que ésta incurriera en pérdidas en periodos pasados no debería ser problemático. Sin embargo, sí lo sería el hecho de que la SEC cambiara su actividad y se pudiera probar que se han trasladado a la misma beneficios o pérdidas con el objeto de reducir la renta finalmente gravable. Muchos países cuentan con disposiciones internas diseñadas para luchar contra la elusión fiscal, disposiciones que pueden abordar tanto estas situaciones como otras relacionadas con el cálculo de la renta atribuible.

Notas

1. Recurrir a las normas internas de la jurisdicción de la matriz para dar respuesta a ciertas cuestiones como el tratamiento de las pérdidas podría generar complicaciones en los casos en que la renta atribuible de la SEC se calcule conforme a la legislación de una jurisdicción diferente, razón de más para defender el uso de las normas de la jurisdicción de la matriz y la primera recomendación arriba mencionada.
2. Las jurisdicciones también pueden adoptar normas que permitan compensar las pérdidas de la matriz con los beneficios de la SEC. Esta situación no es tan susceptible de suscitar riesgos BEPS, pues llevaría a reducir las pérdidas de la matriz y los beneficios de la SEC.
3. Los Estados miembros de la Unión Europea deberían valorar si restringir la posibilidad de utilizar las pérdidas de la SEC para compensar beneficios sería compatible con las libertades fundamentales de la Unión Europea, tal y como se trataba en el Capítulo 1.

Bibliografía

OECD (2014), *Plan de Acción contra la erosión de la base imponible y el traslado de beneficios,* OECD Publishing, Paris, http://dx.doi.org/10.1787/9789264207813-es.

Capítulo 6

Normas sobre la atribución de la renta

109. Este capítulo presenta las recomendaciones relativas al quinto pilar de las normas de TFI sobre la atribución de la renta. Una vez calculada la renta de la SEC que resulta atribuible, el siguiente paso es determinar cómo se atribuirá esa renta a los accionistas correspondientes de la SEC.

6.1. Recomendaciones

110. La atribución de la renta puede dividirse en 5 pasos: (i) determinar a qué contribuyentes debería atribuírseles renta, (ii) cuantificar la renta a atribuir, (iii) establecer en qué casos esta renta debería incluirse en las declaraciones de los contribuyentes, (iv) determinar el tratamiento de la renta, y (v) fijar qué tipo impositivo debería aplicarse a tal renta.

111. Las recomendaciones para estos cincos pasos son las siguientes:

1. El umbral de atribución debería estar vinculado en la medida de lo posible al umbral de control mínimo, aunque los países pueden optar por emplear umbrales de atribución y control distintos en función de los objetivos que persigan sus normas de TFI.

2. La cantidad de renta atribuible a cada accionista o persona con control debería calcularse en función de su porcentaje de participación y del periodo en que ha mantenido dicha participación o influencia (la influencia puede basarse en la participación que ostenta el accionista en el último día del año si ello refleja correctamente el nivel de influencia)

3 y 4. Las jurisdicciones pueden decidir en qué casos deberá incluirse la renta de la SEC en las declaraciones de los contribuyentes y qué tratamiento deberá recibir ésta, de manera tal que las normas de TFI sean coherentes con la legislación interna en vigor.

5. Las normas de TFI deberían aplicar a la renta atribuible de la SEC el tipo impositivo vigente en la jurisdicción de la matriz[1].

6.2. Explicación

112. Antes de llegar a las recomendaciones previamente expuestas, se analizaron las siguientes cinco cuestiones en profundidad.

A. ¿A qué contribuyentes debería atribuírseles renta?

113. La primera decisión que han de tomar las jurisdicciones es a qué contribuyentes debería atribuírseles renta. Muchas normas de TFI en vigor vinculan esta decisión al previo establecimiento de la existencia de control de forma que, si un contribuyente cumple el

umbral de control mínimo, recibirá renta atribuida. En el caso de las jurisdicciones que apliquen una norma de concentración empresarial, se atribuirá renta de la SEC no sólo a los contribuyentes que cumplan el umbral general de control sino también a aquellos residentes que superen el nivel mínimo de control (por ejemplo, del 10%) requerido por el umbral de control. Entre las ventajas de vincular el umbral de atribución al umbral de control mínimo se encuentran la simplicidad administrativa y la reducción de los costes de cumplimiento. Además, también garantiza que los contribuyentes tengan una influencia suficiente que les permita recoger información sobre las actividades y la renta de la SEC. No obstante, el uso de las normas de control para establecer la atribución podría conducir eventualmente a una infra-inclusión de rentas si se es de la opinión de que una participación minoritaria puede suponer un grado suficiente de influencia sobre las decisiones de la SEC y por ende suscitar problemas de erosión de bases y traslado de beneficios (BEPS), aunque este inconveniente puede minimizarse si las normas de control acumulan las participaciones de los accionistas minoritarios o bien no limitan la existencia de control a la presencia de accionistas mayoritarios.

114. No obstante, las normas de TFI pueden utilizar una regla diferente para determinar a qué contribuyentes se les atribuye la renta de la SEC, siguiendo la teoría de que el nivel de participación considerado suficiente a la hora de determinar el control no tiene por qué ser el mismo a los efectos de atribuir. Aquellas jurisdicciones que busquen desincentivar incluso las inversiones minoritarias en SEC pueden utilizar un umbral de atribución inferior, mientras que aquellas que sólo quieran desincentivar las inversiones capaces de ejercer influencia sobre la SEC pueden fijar un umbral de atribución superior al umbral de control, sobre todo si su umbral de control tiene en cuenta la propiedad concentrada. Además, las normas de TFI que se refieren a un control de facto o determinan el control de una manera menos mecánica podrían necesitar test diferentes de atribución y control para garantizar que se atribuye renta a los contribuyentes adecuados. Aunque tener normas distintas de atribución y control podría incrementar en teoría los costes de cumplimiento y la carga administrativa, la atribución de rentas se efectuaría de forma relativamente poco frecuente dada la naturaleza disuasoria de las normas de TFI. La mejor opción sería, o bien vincular el umbral de atribución al umbral de control, o bien utilizar otro umbral de atribución que atribuya la renta, por lo menos, a los contribuyentes que puedan ejercer influencia sobre la SEC.

6.2.1. ¿Cuánta renta debería atribuirse?

115. Una vez que las normas de TFI hayan determinado a qué contribuyentes se les atribuirá renta, el paso siguiente es establecer la cuantía de la renta atribuible. Todas las normas de TFI vigentes atribuyen la renta en proporción a la participación que ostenta cada contribuyente, pero no coinciden en la forma de tratar a aquellos que sólo mantienen su participación durante una parte del año. Algunas jurisdicciones calculan la renta atribuible en función de la participación mantenida en el último día del año. Aunque esta opción puede generar oportunidades de planificación fiscal y llevar a una atribución inadecuada, cubriría correctamente los casos en que el contribuyente tiene poder de influencia sobre la SEC cuando los derechos de voto o cualquier otro poder dependa de la participación mantenida en el último día del año o cuando haya otras normas anti-abuso para impedir la infra-atribución inadecuada de beneficios. Otras jurisdicciones atribuyen la renta en función del periodo en que se ha mantenido la participación en la SEC, lo que resultaría en un gravamen del contribuyente sobre una cuantía similar a su cuota de participación en los beneficios de la SEC. Además, parece poco probable que la aplicación de esta norma incremente de manera significativa los costes de cumplimientos en la práctica[2]. Cualquiera

de estas metodologías para cuantificar la renta atribuible al contribuyente podría ser considerada como mejor práctica siempre que la elección del último día del año como fecha relevante refleje el nivel de influencia del contribuyente sobre la SEC[3].

116. Las normas de atribución deberían garantizar la imposibilidad de atribuir una cuantía superior al 100% de la renta obtenida por la SEC. Esta situación podría darse, por ejemplo, en los casos en que la combinación del control jurídico y económico da lugar a un control superior al 100%. No obstante, cualquier norma dirigida a evitar la sobre-atribución debería incluir disposiciones anti-elusión que impidan que los contribuyentes utilicen dicha norma para evitar que se les atribuya renta conforme a su nivel de influencia.

6.2.2. ¿Cuándo debería incluirse la renta atribuida en las declaraciones fiscales?

117. Muchas de las normas de TFI en vigor establecen que la renta atribuida deberá incorporarse al resto de la renta gravable del contribuyente en el periodo impositivo en el que finalice el ejercicio contable de SEC, aunque algunos países cuentan con disposiciones ligeramente distintas a la hora de determinar el periodo en el que la renta debe incorporarse. Por ejemplo, las normas de TFI de Corea establecen que la renta atribuida deberá incluirse en la declaración del ejercicio fiscal correspondiente al sexagésimo día tras la finalización del ejercicio contable de la SEC. Puesto que ambas metodologías parecen igualmente efectivas a la hora de combatir BEPS, no se hará ninguna recomendación concreta, pudiendo cada país elegir libremente las disposiciones que considere más coherentes con su legislación interna.

6.2.3. ¿Cómo debería ser tratada la renta?

118. Una pregunta más a responder a la hora de atribuir renta a los contribuyentes es qué tratamiento ha de recibir dicha renta en la jurisdicción de la matriz. Las normas de TFI en vigor difieren en este aspecto, mientras que algunas tratan la renta atribuida como dividendos presuntos, otras la tratan como si el contribuyente la hubiese obtenido directamente (es decir, tratan a la SEC como una sociedad de personas –*partnership*– o una entidad transparente, pero a los solos efectos de atribuir su renta). Si la renta atribuida es tratada como un dividendo presunto, el tratamiento puede basarse en las disposiciones internas que regulan la tributación de los dividendos, con las que ya están familiarizados tanto contribuyentes como Administraciones. No obstante, las jurisdicciones pueden no querer tratar la renta atribuida como dividendo presunto a todos los efectos, por lo que tendrían que aclarar los límites de dicha "presunción". Si, por el contrario, se tratase la renta atribuida como si hubiese sido obtenida directamente por los accionistas de la SEC probablemente no habría necesidad de contar con normas distintas de calificación, pues la renta recibiría la calificación prevista por la legislación interna en vigor. Ambas metodologías son igualmente apropiadas para combatir BEPS, por lo que la decisión de cómo tratar la renta atribuida podría dejarse en las manos de las jurisdicciones para que dicha decisión sea coherente con su legislación interna.

6.2.4. ¿Qué tipo impositivo debería aplicarse a la renta atribuida?

119. La última cuestión a tratar a la hora de atribuir la renta de la SEC a los contribuyentes es cómo tributará dicha renta una vez haya sido atribuida. Aunque las normas de TFI en vigor someten la renta atribuida al mismo tipo de gravamen aplicable a la sociedad matriz en su jurisdicción de residencia, una segunda opción sería establecer un impuesto

complementario. Dicho impuesto, basado en el concepto de tributación mínima, sometería la renta atribuida a la diferencia entre el impuesto pagado y un determinado umbral preestablecido. Este umbral podría estar vinculado a la exención por tipo de gravamen prevista por las normas de TFI para determinar su aplicabilidad sobre las SEC o podría tratarse de un umbral independiente. El impuesto complementario establecería un tipo mínimo de gravamen para la renta atribuida.

120. Para ilustrar cómo funcionaria este impuesto complementario, imagine que la jurisdicción de la matriz tiene un tipo nominal fijo del 30% y un régimen de TFI que sólo resulta aplicable respecto de SEC sometidas a un tipo efectivo inferior al 12%. Si la jurisdicción de la matriz aplicara el impuesto complementario a una SEC sometida a un tipo efectivo del 0%, sólo gravaría su renta atribuida al 12% en lugar de al tipo normal del 30%. Esto significa que las sociedades multinacionales (SMN) establecidas en jurisdicciones de alta tributación con normas de TFI no se encontrarían en desventaja competitiva respecto a aquellas otras establecidas en jurisdicciones de tributación más baja. No obstante, seguirían estando en desventaja competitiva respecto a las SMN establecidas en jurisdicciones con normas de TFI pero con un tipo impositivo inferior al tipo del impuesto complementario y respecto a las SMN establecidas en jurisdicciones sin normas de TFI. El impuesto complementario no eliminaría necesariamente el incentivo de desviar beneficios desde las jurisdicciones de alta tributación. Por ejemplo, en el caso anterior, las SMN establecidas en la jurisdicción de la matriz se verían incitadas a desviar los beneficios hacia la jurisdicción de la SEC pues el tipo máximo al que tributaría la renta atribuida desde una SEC sería del 12%, 18 puntos porcentuales por debajo del tipo al que tributaria si la renta se obtuviese en la jurisdicción de la matriz. El impuesto complementario podría no resultar adecuado en todos los casos, pues ello dependerá de los objetivos que persigan las jurisdicciones a través de sus normas de TFI. No obstante, algunas lo considerarán un término medio que les permitirá abordar algunos problemas relacionados con la competitividad. Si el tipo impositivo del impuesto complementario coincidiera con el tipo fijado por la exención por tipo de gravamen, ello dotaría a las normas de TFI de una mayor coherencia interna.

Notas

1. Para mitigar los problemas derivados de la competitividad, los países también podrían valorar la posibilidad de introducir un impuesto complementario. Este sería particularmente pertinente en los casos en que las normas mecánicas puedan llegar a capturar renta activa. Véanse los párrafos 119 a 120 para una explicación más detallada de este impuesto complementario.

2. Se asume que dicha norma atribuiría renta a un contribuyente que mantuviese una participación en la SEC durante una parte del año pero no en el último día del año. En caso contrario, la norma recomendada podría combinarse con una norma que atribuya la renta en el momento en el que se enajenan las acciones de la SEC a mitad de año.

3. Una forma de capturar la influencia del contribuyente en la SEC sería combinando una norma que tenga en cuenta la titularidad de la participación el último día del año junto con deberes formales de información sobre la titularidad de la participación a lo largo del año.

Capítulo 7

Normas para prevenir o eliminar la doble imposición

121. Este capítulo presenta las recomendaciones relativas al sexto y último pilar de las normas de TFI sobre la prevención y eliminación de la doble imposición. Tal y como se anticipaba en el Capítulo 1, uno de los retos fundamentales que plantean las normas de TFI es cómo evitar la doble imposición que pueden llegar a provocar, pues ello supondría un obstáculo a la competitividad internacional, al crecimiento y al desarrollo económico.

7.1. Recomendaciones

122. Las normas TFI deberían incorporar disposiciones capaces de garantizar que la aplicación de estas normas no provocará doble imposición. Existen tres situaciones que pueden dar lugar a doble imposición: (i) cuando la renta atribuida de la SEC también esté sujeta a impuestos sobre sociedades extranjeros; (ii) cuando resulten aplicables las normas de TFI de dos o más jurisdicciones sobre la renta de la misma SEC; y (iii) cuando la SEC distribuya dividendos a partir de renta que ya haya sido atribuida a los accionistas residentes de acuerdo con las normas de TFI o cuando el accionista residente disponga de las acciones de la SEC. No obstante, también puede surgir doble imposición en otras situaciones, por ejemplo cuando se realice un ajuste de precios de transferencia entre dos jurisdicciones y surja un gravamen conforme a las normas TFI de una tercera jurisdicción [1]. Las normas de TFI deberían garantizar que estas y otras situaciones no den lugar a doble imposición.

123. Para los dos primeros casos, se recomienda que los países establezcan un crédito fiscal por los impuestos extranjeros efectivamente pagados, incluyendo aquellos resultantes de normas de TFI en jurisdicciones intermedias. El impuesto efectivamente pagado (también puede incluir retenciones) debería abarcar todos los impuestos sobre la renta soportados por la SEC siempre y cuando no puedan acogerse a otro beneficio y no excedan del importe de impuestos que habría correspondido pagar en la jurisdicción de la matriz sobre la misma cuantía de renta. En cuanto al tercer caso, se recomienda que los países declaren exentos los dividendos y las ganancias de capital derivadas de la enajenación de las acciones de la SEC cuando la renta de la SEC ya haya sido objeto de gravamen conforme a las normas de TFI, aunque el tratamiento concreto de dichos dividendos y ganancias de capital debe quedar en manos de cada jurisdicción de forma que tales disposiciones sean coherentes con su legislación interna. Igualmente se deja en manos de las jurisdicciones la forma de solucionar otros casos de doble imposición, aunque la recomendación general es que las normas de TFI deberían garantizar que su aplicación no genera doble imposición.

7.2. Explicación

7.2.1. Cuestiones relativas a la corrección de la doble imposición por impuestos sobre sociedades extranjeros

124. Quizás la situación más evidente en que la aplicación de las normas de TFI puede dar lugar a doble imposición es la mencionada arriba en el punto (i), cuando la renta de la SEC está sujeta tanto al impuesto sobre sociedades de la jurisdicción donde reside la SEC como al gravamen derivado de las normas de TFI de la jurisdicción de la matriz o de las partes que la controlan.

125. La mayor parte de las jurisdicciones resuelven los casos en que la renta de la SEC está sujeta a gravamen tanto en su jurisdicción de residencia como en la jurisdicción de la matriz concediendo un crédito equivalente al impuesto extranjero pagado por el contribuyente. Este método elimina la doble imposición de manera más completa que el método de la deducción, pues compensa directamente el impuesto extranjero contra el impuesto local en lugar de reducir la base imponible sobre la que el impuesto local aplica. Dado que el propósito de los regímenes de TFI es proteger la potestad tributaria sobre rentas que han sido trasladadas a jurisdicciones de nula o baja tributación, el método de la exención no resulta apropiado en dicho contexto ya que frustraría el propósito de estas normas. Con carácter general el crédito fiscal queda limitado a la cuantía efectivamente sometida a doble imposición. Las normas de la mayoría de los países logran este propósito señalando como límite del crédito la menor de las siguientes cuantías: el impuesto local o el impuesto extranjero efectivamente pagado. La referencia al impuesto efectivamente pagado garantiza que no se concederá el crédito en los casos en que el impuesto extranjero sea objeto de devolución o de reclamación de reembolso. El impuesto efectivamente pagado (también puede incluir retenciones) debería abarcar todos los impuestos sobre la renta (o equivalentes) soportados por la SEC siempre y cuando no puedan acogerse a otro beneficio y no excedan del importe de impuestos que habría correspondido pagar en la jurisdicción de la matriz sobre la misma cuantía de renta.

7.2.2. Cuestiones relativas a la corrección de la doble imposición por la aplicación de normas de TFI en múltiples jurisdicciones

126. Más problemas pueden surgir cuando la renta obtenida por la SEC quede sujeta a gravamen conforme a las normas de TFI de dos o más jurisdicciones, escenario que puede ser más común en el futuro. Si, por ejemplo, una filial es considerada SEC atendiendo a las normas de TFI de múltiples jurisdicciones, la renta de la filial se vería potencialmente sometida a gravamen tanto en su jurisdicción de residencia como en cualquier otra jurisdicción que la trate como SEC según su respectivo régimen de TFI. De nuevo, podría concederse un crédito fiscal, pero para poder hacerlo los países tendrían que cambiar la regulación del crédito para que el impuesto pagado en un país intermedio conforme a sus normas de TFI pueda considerarse como impuesto extranjero a los efectos de conceder el crédito. Igualmente, debería establecerse una jerarquía que determine qué países deberían tener prioridad, pudiendo priorizar la aplicación de las normas de TFI de la jurisdicción cuyo accionista residente se encuentre más cerca de la SEC en la cadena de propiedad.

127. En el cuadro 7.1 se muestra en un ejemplo una norma de jerarquía.

128. En esta situación, la filial C es una SEC directa de la filial B y una SEC indirecta de la matriz A, siendo la filial B también una SEC de la matriz A. Si tanto A como B tienen normas de TFI, debería existir una norma de jerarquía que determine qué normas de TFI deberán aplicarse primero.

Cuadro 7.1. **Interacción entre normas de TFI**

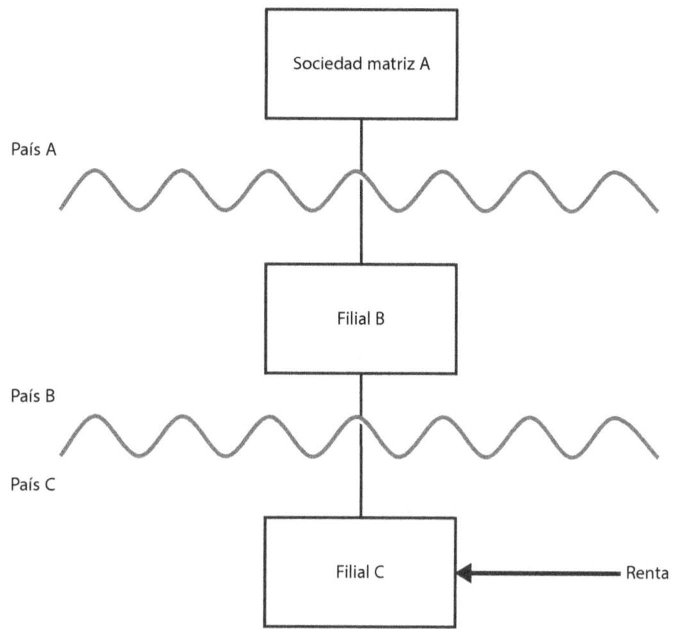

129. El Cuadro 7.1 plantea dos problemas diferentes dependiendo de los tipos de gravamen de los Países A y B. Si el tipo de gravamen de C es un 10%, el de B un 20% y el de A un 30%, entonces los países A y B querrán recaudar su impuesto completo, concediendo potencialmente un crédito por el impuesto pagado en C. Si la renta de la filial C es 100, esto significaría que el País A querría recaudar 20 (es decir, 30 menos 10) y el país B querría recaudar 10 (20 menos 10). La norma de jerarquía sugerida arriba, según la cual las normas de TFI de B se aplicarían con anterioridad a las de A, exigiría que A concediera un crédito fiscal por los impuestos pagados tanto en C como en B. En consecuencia, el país C recaudaría 10, el país B 10 (20 menos 10) y el país A 10 igualmente (30 menos 20)[2].

130. Si, por el contrario, los Países C y A mantuvieran sus tipos (10 y 30% respectivamente) pero el País B tuviera un tipo de gravamen del 40%, el País A no recaudaría nada en la medida en que conceda un crédito por el impuesto pagado en B. Aunque tal resultado sea desfavorable para el País A, sí sería coherente con el principio que subyace en las normas de TFI de A, pues la filial C quedaría enteramente gravada por sus rentas a un tipo impositivo superior al del País A. Además, si el País B tuviera un tipo impositivo superior al de A, la base imponible erosionada sería con mayor probabilidad la de B, no la de A. Así pues, sería conveniente que el País A no aplicase sus normas de TFI si los beneficios de la filial C quedan gravados a un tipo impositivo equivalente o superior en la jurisdicción de la entidad intermedia. La norma de jerarquía recomendada haría que el País A aplicase sus normas de TFI únicamente después de que el País B haya aplicado las suyas (o, más sencillo, le obligaría a conceder un crédito por el impuesto pagado en el País B conforme a su normativa sobre TFI).

7.2.3. Corrección de la doble imposición por dividendos y ganancias de capital ulteriores

131. El tercer caso en el que las normas de TFI pueden provocar doble imposición es cuando (i) la SEC distribuye dividendos que tienen su origen en renta previamente atribuida conforme a normas de TFI o (ii) los accionistas residentes de la SEC disponen

de las acciones de dicha sociedad. En relación con el primer escenario, la mayoría de las jurisdicciones corrigen de algún modo la doble imposición surgida por la posterior distribución de dividendos por parte de la SEC. En la mayoría de los casos, estos dividendos quedarían cubiertos por la exención general prevista para dividendos extranjeros. Si las normas de TFI exigen un nivel de control como mínimo igual al porcentaje de participación previsto en la exención general de dividendos, entonces dicha exención sería probablemente aplicable. En aquellos casos en los que no haya una exención general para dividendos o exista pero no sea aplicable, sería necesaria una disposición adicional para corregir la doble imposición. En tales casos, la mayoría de las jurisdicciones aplican una disposición específica que dejaría exentos los dividendos aun cuando éstos no queden cubiertos por la exención general (o cuando ésta no exista).

132. El método de exención puede acarrear problemas en dos casos, cuando únicamente una parte de la renta de la SEC sea atribuible al contribuyente residente, o cuando la SEC esté participada de manera indirecta a través de otra sociedad no residente cuya renta no sea atribuible conforme a las normas de TFI. En estos casos puede ser difícil determinar cuándo los dividendos proceden efectivamente de renta atribuida y por ende están sujetos a doble imposición. Los países suelen abordar estos problemas mediante mecanismos mecánicos que establecen en qué casos cabe asumir que los dividendos proceden de renta previamente atribuida. Estos mecanismos incluyen, por ejemplo, la limitación de la exención por dividendos a la cuantía de los beneficios generados por la SEC durante los periodos impositivos en los que las normas de TFI hayan sido aplicables.

133. En el primer escenario puede surgir un problema adicional en los casos en que la jurisdicción de la SEC aplique una retención sobre los dividendos pagados. Como estas retenciones representan una imposición sobre la renta en el nivel de la jurisdicción de la SEC, podría ser apropiado corregir la doble imposición por la retención pagada a partir de renta atribuida conforme a las normas de TFI[3].

134. En cuanto al segundo de los escenarios, la doble imposición podría surgir igualmente cuando el accionista disponga de sus acciones en la SEC y éste ya haya tributado previamente por la renta no distribuida de dicha sociedad. Siguiendo la lógica previamente expuesta en relación con los dividendos, los países pueden optar por no gravar las ganancias de capital derivadas de la enajenación de acciones de la SEC en la medida en que dichas cuantías hayan sido objeto de gravamen previo conforme a las normas de TFI de la jurisdicción del contribuyente. No obstante, dado que cada país tiene una forma diferente de gravar las ganancias derivadas de activos, el mecanismo de corrección de la doble imposición variará en función de las especificidades de cada país. Esta recomendación no implica que los países que de otra manera no dejarían exentas las ganancias surgidas de la enajenación, deban modificar sus normas para cumplir con esta recomendación.

7.2.4. Otras situaciones

135. Este informe reconoce que existen otros casos en los que puede surgir doble imposición, por ejemplo como resultado de la interacción entre las normas de TFI y las normas de precios de transferencia. Aunque no se trata de un problema nuevo, los países deberán valorar si sus mecanismos de corrección de doble imposición en vigor son capaces de corregir todos los supuestos de doble imposición de manera efectiva[4].

7.2.5. Disposiciones de los convenios sobre la eliminación de la doble imposición

136. La forma de eliminar la doble imposición prevista en las normas de TFI debe tener en cuenta las obligaciones contraídas por el país en sus convenios tributarios. El método para eliminar la doble imposición recogido en los convenios bilaterales puede variar considerablemente de la redacción de los artículos 23 A y 23 B del *Modelo de Convenio Tributario sobre la Renta y sobre el Patrimonio: Versión abreviada* (OCDE, 2010). Así pues, los países deberían revisar detenidamente las disposiciones pertinentes de sus convenios a la hora de diseñar sus normas de TFI para así comprobar que no se encuentran obligados a aplicar el método de exención a rentas que desean gravar conforme a estas normas.

Notas

1. En ciertas circunstancias, la interacción entre las normas de TFI y las normas de precios de transferencia puede dar lugar a doble imposición. Aunque no sea común, es importante que los países prevean normas para eliminar la doble imposición que de otro modo surgiría.

2. Este análisis asume que el País A carece de una exención por tipo de gravamen o bien, teniéndola, su tipo límite es superior al 20%.

3. El párrafo 39 del Comentario al artículo 10 del Modelo de Convenio Tributario de la OCDE analiza los métodos para corregir la doble imposición respecto de retenciones en un contexto convencional.

4. Por ejemplo, la matriz A residente en el País A posee dos filiales, la filial B residente en el País B y la filial C residente en el País C. Se realiza un ajuste de precios de transferencia entre B y C que da lugar a un incremento en los beneficios de la filial C. Si el país A aplica sus normas de TFI sobre las filiales B y C, deberá tener en cuenta a la hora de corregir la doble imposición el impuesto reducido pagado en B y el incrementado pagado en C. En la práctica parece más común que los ajustes de precios de transferencias originen una reducción en los beneficios de la SEC y un incremento en los beneficios de otra filial sometida a mayor gravamen y que queda fuera del alcance de las normas de TFI. Así pues, los países deberán tener en cuenta los ajustes que se practiquen con posterioridad sobre los impuestos pagados por la SEC para asegurarse de que no corrigen la doble imposición por impuestos que han sido reembolsados, debiendo posibilitar la revisión del gravamen resultante del régimen de TFI en casos como éste a pesar de que el plazo para dicha revisión haya prescrito.

Bibliografía

OECD (2012), *Modelo de Convenio Tributario sobre la Renta y sobre el Patrimonio: versión abreviada*, Instituto de Estudios Fiscales, Madrid, http://dx.doi.org/10.1787/9789264184473-es.

ORGANIZACIÓN DE COOPERACIÓN Y DE DESARROLLO ECONÓMICOS (OCDE)

La OCDE constituye un foro único en su género, donde los gobiernos trabajan conjuntamente para afrontar los retos económicos, sociales y medioambientales que plantea la globalización. La OCDE está a la vanguardia de los esfuerzos emprendidos para ayudar a los gobiernos a entender y responder a los cambios preocupaciones del mundo actual, como el gobierno corporativo, la economía de la información y los retos que genera el envejecimiento de la población. La Organización ofrece a los gobiernos un marco en el que pueden comparar sus experiencias políticas, buscar respuestas a problemas comunes, identificar buenas prácticas y trabajar en la coordinación de políticas nacionales e internacionales.

Los países miembros de la OCDE son: Alemania, Australia, Austria, Bélgica, Canadá, Chile, Corea, Dinamarca, Eslovenia, España, Estados Unidos de América, Estonia, Finlandia, Francia, Grecia, Hungría, Irlanda, Islandia, Israel, Italia, Japón, Letonia, Luxemburgo, México, Noruega, Nueva Zelanda, Países Bajos, Polonia, Portugal, Reino Unido, República Checa, República Eslovaca, Suecia, Suiza y Turquía. La Comisión Europea participa en el trabajo de la OCDE.

Las publicaciones de la OCDE aseguran una amplia difusión de los trabajos de la Organización. Éstos incluyen los resultados de la compilación de estadísticas, los trabajos de investigación sobre temas económicos, sociales y medioambientales, así como las convenciones, directrices y los modelos desarrollados por los países miembros.

OECD PUBLISHING, 2, rue André-Pascal, 75775 PARIS CEDEX 16
(23 2015 30 4 P) ISBN 978-92-64-26707-7 – 2016

www.ingramcontent.com/pod-product-compliance
Lightning Source LLC
LaVergne TN
LVHW081421110826
845149LV00010B/1830
* 9 7 8 9 2 6 4 2 6 7 0 7 7 *